Muskelaufbau-Rezepte vor und nach dem Krafttraining-Wettbewerb:

Entdecke, deine Leistung zu verbessern und dich schneller zu erholen, indem du deinen Körper mit kraftvollen Muskelaufbau- und Fettverbrennungs-Gerichten versorgst

Von

Joseph Correa

Zertifizierter Sport-Ernährungsberater

COPYRIGHT

© 2016 Finibi Inc

Alle Rechte vorbehalten.

Die Vervielfältigung und Übersetzung von Teilen dieses Werkes, mit Ausnahme zum in Paragraph 107 oder 108 des United States Copyright Gesetzes von 1976 dargelegten Zwecke, ist ohne die Erlaubnis des Copyright-Inhabers gesetzeswidrig.

Diese Veröffentlichung dient dazu fehlerfreie und zuverlässige Informationen zu dem auf dem Cover abgedruckten Thema zu liefern. Es wird mit der Einstellung verkauft, dass weder der Autor noch der Herausgeber befähigt sind, medizinische Ratschläge zu erteilen. Wenn medizinischer Rat oder Beistand notwendig sind, konsultieren Sie einen Arzt. Dieses Buch ist als Ratgeber konzipiert und sollte in keinster Weise zum Nachteil Ihrer Gesundheit gereichen. Konsultieren Sie einen Arzt, bevor Sie mit diesen Meditationsübungen beginnen, um zu gewährleisten, dass sie das Richtige für Sie sind.

DANKSAGUNG

Die Durchführung und der Erfolg dieses Buches wären ohne die Unterstützung meiner Familie nicht möglich gewesen.

Muskelaufbau-Rezepte vor und nach dem Krafttraining-Wettbewerb:

Entdecke, deine Leistung zu verbessern und dich schneller zu erholen, indem du deinen Körper mit kraftvollen Muskelaufbau- und Fettverbrennungs-Gerichten versorgst

Von

Joseph Correa

Zertifizierter Sport-Ernährungsberater

INHALT

Copyright

Danksagung

Über den Autor

Einleitung

Shakes vor dem Krafttraining-Wettbewerb

Muskelaufbau-Gerichte vor dem Krafttraining-Wettbewerb

Shakes nach dem Krafttraining-Wettbewerb

Gerichte nach dem Krafttraining-Wettbewerb

Andere großartige Werke des Autors

ÜBER DEN AUTOR

Als zertifizierter Sport-Ernährungsberater und Profi-Sportler, glaube ich fest daran, dass die richtige Ernährung dir dazu verhilft, deine Ziele schneller und effektiver zu erreichen. Mein Wissen und meine Erfahrung haben mir über die Jahre geholfen, gesünder zu leben. Diese Erkenntnis habe ich mit meiner Familie und meinen Freunden geteilt. Je mehr du über gesunden Essen und Trinken weißt, desto schneller wirst du deine Lebens- und Essensgewohnheiten ändern wollen.

Erfolgreich darin zu sein, dein Gewicht kontrollieren zu wollen, ist wichtig, da es all deine Lebensbereiche verbessern wird.

Ernährung ist der Schlüssel auf dem Weg zu einer besseren Figur. Darum soll es auch in diesem Buch gehen.

EINLEITUNG

Muskelaufbau-Rezepte vor und nach dem Krafttraining-Wettbewerb werden dir dabei helfen, deinen täglichen Protein-Konsum zu steigern und dein Muskelwachstum dadurch anzuregen. Diese Mahlzeiten werden deine Muskeln auf eine organisierte Art und Weise stärken, indem sie deinem Speiseplan eine gesunde Menge an Proteinen zufügen.

Zu beschäftigt zu sein, um richtig zu essen, kann manchmal zu einem Problem werden. Darum hilft dir dieses Buch Zeit zu sparen und deinen Körper richtig zu ernähren, damit du die Ziele erreichen kannst, die du erreichen willst. Achte darauf, was du zu dir nimmst, indem du deine Mahlzeiten selbst zubereitest oder sie dir zubereiten lässt.

Dieses Buch wird dir dabei helfen:

-auf natürlichem Weg Muskelmasse schnell aufzubauen.

-die Erholungszeiten zu verbessern.

-mehr Energie zu haben.

-deinen Stoffwechsel auf natürliche Weise anzuregen, um mehr Muskeln aufzubauen.

-dein Verdauungssystem zu verbessern.

Muskelaufbau-Rezepte vor und nach dem Krafttraining-Wettbewerb

Joseph Correa ist ein zertifizierter Sport-Ernährungsberater und Profi-Sportler.

SHAKES VOR DEM KRAFTTRAINING-WETTBEWERB

1. Tomaten Protein-Shake:

Zutaten:

1 Glas fettarme Milch

1/4 TL Zimt

1 kleine Tomate

1 geriebene Karotte

1 TL brauner Zucker

Zubereitung:

Wasche die Tomate und schneide sie in kleine Würfel. Schäle die Karotte und reibe sie anschließend. Dabei sollen kleine Streifen entstehen. Vermische die Zutaten in einem Mixer und gib sie in den Kühlschrank.

Nährwertangaben für 1 Glas:

Kohlenhydrate10,9g

Zucker 7,85g

Muskelaufbau-Rezepte vor und nach dem Krafttraining-Wettbewerb

Proteine 4,38g

Fette insgesamt 2,31g

Natrium 84mg

Kalium 423mg

Calcium 283,7mg

Eisen 0,832mg

Vitamine (Vitamin C Askorbinsäure; B-6; B-12; Folate-DFE; A-RAE; A-IU; E-alpha-Tocopherol; D; D-D2+D3; Thiamin; Niacin)

Kalorien 80

2. Gemüse Protein-Shake

Zutaten:

1 Tasse gehackter Broccoli

halber Bund frischer Spinat

½ Tasse fettreduzierter Joghurt

1 TL Honig

einige Minzblätter

¼ Tasse Wasser

Zubereitung:

Wasche das Gemüse und gib es in einen Mixer. Füge einige Eiswürfel hinzu und vermenge die Mischung gut, bis sie geschmeidig wird.

Nährwertangaben für 1 Glas:

Kohlenhydrate 12,32g

Zucker 7,16g

Proteine 4,95g

Fette insgesamt 2,78g

Natrium 79mg

Kalium 243,6mg

Calcium 117mg

Eisen 2,65mg

Vitamine (Vitamin C Askorbinsäure; B-6; B-12; Folate-DFE; A-RAE; A-IU; E-alpha-Tocopherol; D; D-D2+D3; K-Phylloquinone; Thiamin; Riboflavin; Niacin)

Kalorien 81,3

3. Früchte-und-Gemüse-Protein-Shake

Zutaten:

1 Tasse mit Blaubeeren, Himbeeren, Johannisbeeren und Erdbeeren (gemischt)

½ Tasse gehackter Babyspinat

2 Eiweiß

½ Tasse fettreduzierter Joghurt

1,5 Wassergläser

Zubereitung:

Wasche den Babyspinat und gib ihn in den Mixer. Vermische 2 Eiweiße mit dem fettreduzierten Joghurt, füge Wasser dazu und gib alles in einen Mixer. Vermische alles im Mixer mit den Beerenfrüchten für einige Minuten.

Nährwertangaben für 1 Glas:

Kohlenhydrate 11,27g

Zucker 8,11g

Proteine 5,85g

Fette insgesamt 2,94g

Natrium 85mg

Kalium 259,6mg

Calcium 113mg

Eisen 2,03mg

Vitamine (Vitamin C Askorbinsäure; B-6; B-12; Folate-DFE; A-RAE; A-IU; E-alpha-Tocopherol; D; D-D2+D3; K-Phylloquinone; Thiamin; Riboflavin; Niacin)

Kalorien 72,6

4. Melonen Protein-Shake

Zutaten:

¼ Tasse frische Erdbeeren

¼ Banane

1 Scheibe Melone

½ TL Zimt

¼ Tasse gehackte Walnüsse

1 TL brauner Zucker

Zubereitung:

Vermische die Zutaten in einem Mixer und streue etwas Zimt darüber. Bewahre den Shake im Kühlschrank auf und serviere ihn kalt.

Nährwertangaben für 1 Glas:

Kohlenhydrate 13,24g

Zucker 9,19g

Proteine 7,92g

Fette insgesamt 3,54g

Muskelaufbau-Rezepte vor und nach dem Krafttraining-Wettbewerb

Natrium 91mg

Kalium 273,6mg

Calcium 119mg

Eisen 2,09mg

Vitamine (Vitamin C Askorbinsäure; B-6; B-12; Folate-DFE; A-RAE; A-IU; E-alpha-Tocopherol; D; D-D2+D3; K-Phylloquinone; Thiamin; Riboflavin; Niacin)

Kalorien 78

5. Erdbeer Protein-Shake:

Zutaten:

1 Tasse Erdbeeren

½ Tasse fettarme Milch

1 TL Agavensirup

Zubereitung:

Vermische die Zutaten in einem Mixer. Stell sie für einige Minuten in den Kühlschrank und serviere den Shake kalt. Du kannst dem Ganzen noch nach Belieben Eiswürfel beifügen.

Nährwertangaben für 1 Glas:

Kohlenhydrate 8,19g

Zucker 4,05g

Proteine 4,97g

Fette insgesamt 2,64g

Natrium 62mg

Kalium 197,9mg

Calcium 111mg

Eisen 1,23mg

Vitamine (Vitamin C; B-6; B-12; E-alpha-Tocopherol; D; D-D2+D3; K-Phylloquinone; Thiamin; Riboflavin; Niacin)

Kalorien 54

6. Vanille Protein-Shake

Zutaten:

1 Glas fettarme Milch

½ Glas Wasser

1 TL Vanilleextrakt

1 TL klein geschnittene Vanilleschote

¼ TL Zimt

2 TL brauner Zucker

Zubereitung:

Vermenge die Milch mit dem Wasser und erhitze beides bei niedriger Temperatur. Füge die geschnittene Vanilleschote und das Vanilleextrakt hinzu. Rühre alles gut um und lass es für etwa eine Minute aufkochen. Nimm die Mischung vom Herd und lass sie abkühlen. Vermische die abgekühlte Masse mit den anderen Zutaten in einem Mixer. Serviere den Shake kalt.

Nährwertangaben für 1 Glas:

Kohlenhydrate10,12g

Zucker 6,05g

Proteine 4,66g

Fette insgesamt 1,65g

Natrium 79mg

Kalium 203,4mg

Calcium 92mg

Eisen 1,98mg

Vitamine (Vitamin C Askorbinsäure; B-6; B-12; Folate-DFE; A-RAE; A-IU; D; D-D2+D3; K-Phylloquinone; Thiamin; Riboflavin; Niacin)

Kalorien 79

7. Broccoli Protein-Shake

Zutaten:

1 Tasse gekochten Broccoli

1 Glas Wasser

1 Tasse Goji-Beeren

1 TL brauner Zucker

Zubereitung:

Vermische die Zutaten einige Minuten in einem Mixer. Serviere dieses gesunde Getränk kalt.

Nährwertangaben für 1 Glas:

Kohlenhydrate 9,31g

Zucker 5,19g

Proteine 4,83g

Fette insgesamt 1,67g

Natrium 78mg

Kalium 201mg

Calcium 86mg

Eisen 1,13mg

Vitamine (Vitamin C Askorbinsäure; B-6; B-12; A-RAE; A-IU; D; D-D2+D3; K-Phylloquinone; Thiamin; Riboflavin; Niacin)

Kalorien 68,3

8. Kaffee Protein-Shake

Zutaten:

1 Tasse ungesüßten, abgekühlten Kaffee

½ Tasse fettarme Milch

2 TL Vanilleextrakt

2 TL brauner Zucker

1 EL Griechischer Joghurt

Zimt (optional).

Zubereitung:

Vermenge alle Zutaten in einem Mixer. Mische alles für etwa 30 Sekunden gut durch. Trinke den Shake kalt. Du kannst etwas Zimt darüber streuen, aber nur wenn du möchtest. Bewahre diesen Protein-Shake im Kühlschrank auf, oder aber friere ihn zum späteren Verzehr ein.

Nährwertangaben für 1 Glas:

Kohlenhydrate 8,54g

Zucker 5,73g

Proteine 8,78g

Fette insgesamt 2,04g

Natrium 69mg

Kalium 227mg

Calcium 117mg

Eisen 2,79mg

Vitamine (Vitamin C Askorbinsäure; B-6; B-12; Folate-DFE; A-RAE; A-IU; D; D-D2+D3; K-Phylloquinone; Thiamin; Riboflavin; Niacin)

Kalorien 71,3

9. Protein-Shake mit Apfel und Orange

Zutaten:

1 kleiner Apfel

1 kleine Orange

½ Glas Wasser

1 TL brauner Zucker

1 TL Honig

1 TL gehackte Mandeln

Zubereitung:

Gib alle Zutaten für wenige Minuten in einen Mixer. Trinke den Shake kalt.

Nährwertangaben für 1 Glas:

Kohlenhydrate 12,31g

Zucker 8,73g

Proteine 6,98g

Fette insgesamt 3,09g

Natrium 81mg

Kalium 265,9mg

Calcium 109mg

Eisen 1,54mg

Vitamine (Vitamin C Askorbinsäure; B-6; B-12; Folate-DFE; A-RAE; A-IU; E-alpha-Tocopherol; D; D-D2+D3; K-Phylloquinone; Thiamin; Riboflavin; Niacin)

Kalorien 73,1

10. Früchte Shake

Zutaten:

1 Tasse Heidelbeeren

1 Banane

½ TL Zimt

½ Glas fettarme Milch

1 EL Agavensirup

Zubereitung:

Schäle die Banane und schneide sie in kleine Stücke. Vermenge den Agavensirup mit der fettarmen Milch und erhitze beides kurz. Lass es anschließend abkühlen. Vermische die Zutaten für etwa 30 Sekunden in einem Mixer. Streue Zimt darüber und serviere den Shake kalt.

Nährwertangabe für 1 Glas:

Kohlenhydrate 11,12g

Zucker 9,34g

Proteine 6,52g

Fette insgesamt 3,21g

Muskelaufbau-Rezepte vor und nach dem Krafttraining-Wettbewerb

Natrium 93mg

Kalium 208.31mg

Calcium 113mg

Eisen 3,21mg

Vitamine (Vitamin C Askorbinsäure; B-6; B-12; Folate-DFE; A-RAE; A-IU; E-alpha-Tocopherol; D; D-D2+D3; K-Phylloquinone; Thiamin; Riboflavin; Niacin)

Kalorien 79,9

11. Haferflocken Protein-Shake

Zutaten:

½ Tasse Haferflocken

1 Tasse fettarme Milch

¼ Tasse Wasser

1 TL Vanilleextrakt

½ Banane

Zubereitung:

Dieser Shake benötigt in seiner Vorbereitung nur wenig Zeit, ist dafür aber sehr lecker. Alles, was du dafür tun musst, ist die Zutaten in einen Mixer zu geben und alles 30-40 Sekunden zu vermischen, bis eine geschmeidige Mischung entsteht. Stell den Shake 30 Minuten in den Kühlschrank. Wenn du möchtest, kannst du anschließend etwas Zimt darüber streuen.

Nährwertangaben für 1 Glas:

Kohlenhydrate 13,32g

Zucker 7,17g

Proteine 6,91g

Fette insgesamt 3,99g

Natrium 92mg

Kalium 263,2mg

Calcium 119mg

Eisen 2,92mg

Vitamine (Vitamin C Askorbinsäure; B-6; B-12; Folate-DFE; A-RAE; A-IU; D; D-D2+D3; K-Phylloquinone; Thiamin; Riboflavin)

Kalorien 89

12. Pfefferminz Protein-Shake

Zutaten:

2 Tassen fettarme Milch

1 TL Kakaopulver

1 TL gehackte Mandeln

1 EL fettreduzierte Sahne

½ TL Pfefferminzextrakt

Zubereitung:

Erhitze die Milch bei schwacher Temperatur. Füge das Pfefferminzextrakt und das Kakaopulver hinzu. Rühre alles 2-3 Minuten um. Nimm die Mischung vom Herd und lass sie etwa 30 Minuten abkühlen. Mische anschließend die gehackten Mandeln und die fettreduzierte Sahne unter. Gib alles 30 Sekunden lang in den Mixer.

Nährwertangaben für 1 Glas:

Kohlenhydrate 10,32g

Zucker 7,34g

Proteine 6,81g

Fette insgesamt 3,08g

Natrium 85,9mg

Kalium 243,3mg

Calcium 121mg

Eisen 1,09mg

Vitamine (Vitamin C Askorbinsäure; B-6; B-12; Folate-DFE; A-RAE; A-IU; E-alpha-Tocopherol; D; D-D2+D3; K-Phylloquinone; Thiamin; Riboflavin; Niacin)

Kalorien 68,2

13. Leinsamenöl Protein-Shake

Zutaten:

½ Tasse Wasser

½ Tasse fettarme Milch

1 EL gehackte Walnüsse

1 EL Goji-Beeren

1 EL Leinsamenöl

1 TL Vanilleextrakt

1 EL brauner Zucker

Zubereitung:

Mische die Zutaten in einem Mixer 40 Sekunden oder bis eine geschmeidige Mischung entsteht. Bewahre den Shake im Kühlschrank auf und serviere ihn kalt.

Nährwertangaben für 1 Glas:

Kohlenhydrate 14,31g

Zucker 9,19g

Proteine 7,81g

Fette insgesamt 3,09g

Natrium 83mg

Kalium 279,9mg

Calcium 129mg

Eisen 3,09mg

Vitamine (Vitamin C Askorbinsäure; B-6; B-12; Folate-DFE; A-RAE; A-IU; E-alpha-Tocopherol; D; D-D2+D3; K-Phylloquinone; Thiamin; Riboflavin; Niacin)

Kalorien 113

14. Zimt Protein-Shake

Zutaten:

1 Glas fettarme Milch

1 TL Kakaopulver

1 EL Rosinen

1 EL Kürbiskerne

¼ TL Zimt

Zubereitung:

Mische alles in einem Mixer bis eine geschmeidige Mischung entsteht. Serviere den Shake mit Eiswürfeln. Nach Belieben kannst du vor dem Servieren noch etwas Zimt darüber streuen.

Nährwertangaben für 1 Glas:

Kohlenhydrate 12,9g

Zucker 9,27g

Proteine 7,75g

Fette insgesamt 4,57g

Natrium 92,3mg

Kalium 262,7mg

Calcium 123,5mg

Eisen 5,21mg

Vitamine (Vitamin C Askorbinsäure; B-6; B-12; Folate-DFE; A-RAE; A-IU; E-alpha-Tocopherol; D; D-D2+D3; K-Phylloquinone; Thiamin; Riboflavin; Niacin)

Kalorien 86,7

15. Mandel Protein-Shake

Zutaten:

1 Tasse fettarme Milch

½ Tasse Wasser

2 Eiweiß

1 EL gehackte Mandeln

1 EL Honig

½ Tasse Haferflocken

Zubereitung:

Trenne das Eiweiß vom Eigelb. Gib die andere Zutaten dazu und mische alles in einem Mixer 30-40 Sekunden lang. Lass den Shake im Kühlschrank abkühlen. Serviere ihn kalt.

Nährwertangaben für 1 Glas:

Kohlenhydrate 14,31g

Zucker 9,19g

Proteine 7,91g

Fette insgesamt 4,54g

Natrium 103mg

Kalium 287,9mg

Calcium 122mg

Eisen 4,29mg

Vitamine (Vitamin C; B-6; B-12; Folate-DFE; A-RAE; A-IU; E-alpha-Tocopherol; D; D-D2+D3; K; Thiamin; Riboflavin; Niacin)

Kalorien 91

16. Banane Protein-Shake

Zutaten:

1 große Banane

1 Tasse fettarme Milch

½ Tasse Wasser

1 TL Vanilleextrakt

1 EL Agavensirup

Zubereitung:

Schäle die Banane und schneide sie in kleine Stücke. Gib sie zusammen mit den anderen Zutaten in einen Mixer und mische sie 30 Sekunden, bis das Gemisch geschmeidig ist. Stell den Shake in den Kühlschrank und stelle ihn kalt.

Nährwertangaben für 1 Glas:

Kohlenhydrate 10,11g

Zucker 7,17g

Proteine 8,91g

Fette insgesamt 3,23g

Natrium 95mg

Kalium 612,9mg

Calcium 119mg

Eisen 2,88mg

Vitamine (Vitamin C Askorbinsäure; B-6; B-12; Folate-DFE; A-RAE; A-IU; E-alpha-Tocopherol; D; D-D2+D3; K-Phylloquinone; Thiamin; Riboflavin; Niacin)

Kalorien 88

17. Protein-Shake mit Kleie

Zutaten:

1 Tasse fettarme Milch

½ Tasse Wasser

½ Tasse Kleie

1 EL brauner Zucker

1 EL Honig

1 TL Kakao

Zubereitung:

Mische alles in einen Mixer 30-40 Sekunden, bis die Mischung geschmeidig ist. Du kannst auch etwas Zimt dazugeben, aber das liegt bei dir. Lass das Gemisch im Kühlschrank etwa eine Stunde lang abkühlen. Serviere den Shake kalt.

Nährwertangaben für 1 Glas:

Kohlenhydrate 11,7g

Zucker 10,01g

Proteine 5,32g

Fette insgesamt 3,65g

Natrium 86,5mg

Kalium 262mg

Calcium 111mg

Eisen 3,75mg

Vitamine (Vitamin C Askorbinsäure; B-6; B-12; Folate-DFE; A-RAE; A-IU; E;D; D-D2+D3; K-Phylloquinone; Thiamin; Riboflavin)

Kalorien 78,7

18. Waldbeeren Protein-Shake

Zutaten:

½ Tasse Waldbeeren

½ Tasse frischer Waldbeerensaft

½ Tasse Wasser

1 TL Heidelbeerextrakt

2 Eiweiß

1 Hand voll Eis

Zubereitung:

Trenne das Eiweiß vom Eigelb. Gib diese zusammen mit den anderen Zutaten 30 Sekunden in einen Mixer. Serviere den Shake kalt.

Nährwertangaben für 1 Glas:

Kohlenhydrate 13,01g

Zucker 9g

Proteine 7,8g

Fette insgesamt 1,95g

Natrium 98mg

Kalium 234,7mg

Calcium 110mg

Eisen 3,04mg

Vitamine (Vitamin C Askorbinsäure; B-6; B-12; Folate-DFE; A-RAE; A-IU; E-alpha-Tocopherol; D; D-D2+D3; K-Phylloquinone; Thiamin; Riboflavin; Niacin)

Kalorien 68

19. Walnuss Protein-Shake

Zutaten:

1 Tasse Kokosmilch

½ Tasse gehackte Walnüsse

½ Tasse fein gehackter Spinat

1 Ei

2 EL brauner Zucker

1 TL Walnussextrakt

Zubereitung:

Gib die Zutaten in einen Mixer und vermenge alles 30-40 Sekunden lang. Füge der Mischung Eiswürfel bei, bevor du sie servierst.

Nährwertangaben für 1 Glas:

Kohlenhydrate 11,27g

Zucker 8,11g

Proteine 5,85g

Fette insgesamt 2,94g

Natrium 85mg

Kalium 259,6mg

Calcium 113mg

Eisen 2,03mg

Vitamine (Vitamin C Askorbinsäure; B-6; B-12; Folate-DFE; A-RAE; A-IU; E-alpha-Tocopherol; D; D-D2+D3; K-Phylloquinone; Thiamin; Riboflavin; Niacin)

Kalorien 72,6

20. Protein-Shake mit Griechischem Joghurt

Zutaten:

1 Tasse Griechischer Joghurt

1 EL Honig

1 EL brauner Zucker

¼ Tasse fettarme Milch

1 TL Mandelbutter

¼ TL Zimt

Zubereitung:

Vermenge die Milch, die Mandelbutter und den braunen Zucker in einem Kochtopf. Rühre alles gut um und erhitze die Mischung bei niedriger Temperatur 2 Minuten lang. Nimm den Topf vom Herd und lass die Mischung 15 Minuten abkühlen, bevor du sie zusammen mit den anderen Zutaten in einen Mixer gibst. Mische alle 30-40 Sekunden und bewahre den Shake im Kühlschrank auf, damit er kühl bleibt.

Nährwertangaben für 1 Glas:

Kohlenhydrate 13,1g

Zucker 9g

Proteine 7,91g

Fette insgesamt 3,03g

Natrium 95mg

Kalium 259mg

Calcium 119mg

Eisen 3mg

Vitamine (Vitamin C Askorbinsäure; B-6; B-12; Folate-DFE; A-RAE; A-IU; E-alpha-Tocopherol; D; D-D2+D3; K-Phylloquinone; Thiamin; Riboflavin; Niacin)

Kalorien 70

21. Protein-Shake mit Eiern

Zutaten:

1 Tasse fettarme Milch

½ Tasse Wasser

1 EL Griechischer Joghurt

3 Eier

1 TL Vanilleextrakt

1 EL brauner Zucker

Zubereitung:

Vermische die Zutaten in einem Mixer, bis sie geschmeidig sind. Serviere den Shake kalt.

Nährwertangaben für 1 Glas:

Kohlenhydrate 10g

Zucker 6,02g

Proteine 9,84g

Fette insgesamt 3,94g

Natrium 95mg

Kalium 212,2mg

Calcium 123mg

Eisen 2,43mg

Vitamine (Vitamin C;B-6; B-12; Folate-DFE; A-RAE; A-IU; D; D-D2+D3; K-Phylloquinone; Thiamin; Riboflavin; Niacin)

Kalorien 72

22. Erdnussbutter Protein-Shake

Zutaten:

1 Tasse fettarme Milch

¼ Tasse fein gehackte Erdnüsse

1 EL Erdnussbutter

1 EL brauner Zucker

1 EL Goji-Beeren

1 kleiner, grüner Apfel

Zubereitung:

Schäle den Apfel und schneide ihn in kleine Stücke. Verwende einen Kochtopf, um die Erdnussbutter bei schwacher Hitze zu schmelzen. Gib brauner Zucker dazu und rühre alles 30 Sekunden lang. Nimm den Topf vom Herd und lass ihn abkühlen. Vermenge in der Zwischenzeit die anderen Zutaten in einem Mixer, gib Erdnussbutter und Zucker dazu und rühre alles 30-40 Sekunden um. Lass den Shake 30 Minuten im Kühlschrank abkühlen.

Nährwertangaben für 1 Glas:

Kohlenhydrate 13,2g

Muskelaufbau-Rezepte vor und nach dem Krafttraining-Wettbewerb

Zucker 10,7g

Proteine 11,6g

Fette insgesamt 2,8g

Natrium 97mg

Kalium 259mg

Calcium 134,3mg

Eisen 3,09mg

Vitamine (Vitamin C Askorbinsäure; B-6; B-12; Folate-DFE; A-RAE; A-IU; E-alpha-Tocopherol; D; D-D2+D3; K-Phylloquinone; Thiamin; Riboflavin; Niacin)

Kalorien 88,4

23. Energie Protein-Shake

Zutaten:

1 EL gehackte Mandeln

1 EL gehackte Walnüsse

1 EL gehackte Macadamianüsse

1 Tasse Apfelbeeren

1 mittlere Banane

1 Glas frischer Orangensaft

1 Glas Wasser

2 Eiweiß

2 EL Honig

1 EL brauner Zucker

Zubereitung:

Dieser Protein-Shake ist leicht zuzubereiten. Gib dazu einfach alle Zutaten in einen Mixer und vermische alles 40 Sekunden lang. Lass den Shake vor dem Servieren abkühlen.

Nährwertangaben für 1 Glas:

Kohlenhydrate 17,47g

Zucker 14,03g

Proteine 15,8g

Fette insgesamt 7,94g

Natrium 175mg

Kalium 369mg

Calcium 189mg

Eisen 6,09mg

Vitamine (Vitamin C Askorbinsäure; B-6; B-12; Folate-DFE; A-RAE; A-IU; E-alpha-Tocopherol; D; D-D2+D3; K-Phylloquinone; Thiamin; Riboflavin; Niacin)

Kalorien 149

24. Pistazien Protein-Shake

Zutaten:

1 Tasse fettarme Milch

¼ Tasse fein gehackte Pistazien

1 EL Erdnussbutter

1 EL Honig

1 Hand voll Eis

Zubereitung:

Mische die Zutaten in einem Mixer, bis eine geschmeidige Mischung entsteht.

Nährwertangaben für 1 Glas:

Kohlenhydrate 13,4g

Zucker 9,15g

Proteine 7,81g

Fette insgesamt 5,91g

Natrium 105mg

Kalium 287mg

Calcium 115mg

Eisen 3,03mg

Vitamine (Vitamin C Askorbinsäure; B-6; B-12; Folate-DFE; A-RAE; A-IU; E-alpha-Tocopherol; D; D-D2+D3; K-Phylloquinone; Thiamin; Riboflavin; Niacin)

Kalorien 81

25. Mandelbutter Protein-Shake

Zutaten:

1 Tasse fettarme Milch

½ Tasse Wasser

½ Tasse Haferflocken

1 EL brauner Zucker

2 EL Mandelbutter

1 TL Mandelextrakt

¼ Tasse Mandelmilch

Zubereitung:

Erhitze die Mandelmilch bei schwacher Hitze und gib den Mandelextrakt, die Mandelbutter und den braunen Zucker dazu. Rühre alles um und erhitze es für 30-40 Sekunden. Nimm den Topf dann vom Herd und lass die Masse abkühlen. Gib sie zusammen mit den anderen Zutaten anschließend in den Mixer und mische alle 30 Sekunden. Genieße den Shake kalt.

Nährwertangaben für 1 Glas:

Kohlenhydrate 15,3g

Muskelaufbau-Rezepte vor und nach dem Krafttraining-Wettbewerb

Zucker 8,11g

Proteine 9,83g

Fette insgesamt 7,81g

Natrium 106mg

Kalium 297,2mg

Calcium 125mg

Eisen 4,09mg

Vitamine (Vitamin C Askorbinsäure; B-6; B-12; Folate-DFE; A-RAE; A-IU; E-alpha-Tocopherol; D; D-D2+D3; K-Phylloquinone; Thiamin; Riboflavin; Niacin)

Kalorien 73

26. Protein-Shake aus grünen Äpfeln

Zutaten:

1 grüner Apfel

2 Eiweiß

1 Glas frischer Apfelsaft

1 EL gehackte Walnüsse

¼ TL Zimt

Zubereitung:

Schäl den Apfel und schneide ihn in kleine Stücke. Trenne das Eiweiß vom Eigelb. Mische alles mit den anderen Zutaten im Mixer 30-40 Sekunden. Serviere den Shake mit Eiswürfeln.

Nährwertangaben für 1 Glas:

Kohlenhydrate 11g

Zucker 8g

Proteine 8,92g

Fette insgesamt 3,44g

Natrium 92mg

Kalium 212,4mg

Calcium 103mg

Eisen 3,03mg

Vitamine (Vitamin C Askorbinsäure; B-6; B-12; Folate-DFE; A-RAE; A-IU; E-alpha-Tocopherol; D; D-D2+D3; K-Phylloquinone; Thiamin; Riboflavin; Niacin)

Kalorien 62

27. Honig-Banane-Protein-Shake

Zutaten:

1 Tasse fettarme Milch

1 mittlere Banane

1 EL Honig

1 TL Bananenextrakt

1 EL Griechischer Joghurt

1 EL fettreduzierte Sahen

Zubereitung:

Schäle die Banane und schneide sie in kleine Würfel. Gib sie zusammen mit den anderen Zutaten 30-40 Sekunden in einen Mixer und lass die Mischung etwa eine Stunde im Kühlschrank abkühlen. Serviere den Shake kalt.

Nährwertangaben für 1 Glas:

Kohlenhydrate 12,7g

Zucker 7,1g

Proteine 9,92g

Fette insgesamt 2,94g

Natrium 85mg

Kalium 249,5mg

Calcium 133mg

Eisen 3mg

Vitamine (Vitamin C Askorbinsäure; B-6; B-12; Folate-DFE; A-RAE; A-IU; E-alpha-Tocopherol; D; D-D2+D3; K-Phylloquinone; Thiamin; Riboflavin; Niacin)

Kalorien 68,9

28. Nussmischung Protein-Shake

Zutaten:

1 TL gehackte Mandeln

1 TL gehackte Walnüsse

1 TL gehackte Haselnüsse

1 TL gehackte Macadamianüsse

1 Glas frischer Orangensaft

1 EL Agavensirup

1 EL fettreduzierte Orangen-Eiscreme

1 Hand voll Eiswürfel

Zubereitung:

Mische die Zutaten 30-40 Sekunden in einem Mixer.

Nährwertangaben für 1 Glas:

Kohlenhydrate 15,19g

Zucker 11,23g

Proteine 9,85g

Fette insgesamt 6,64g

Natrium 115mg

Kalium 309,6mg

Calcium 121mg

Eisen 5,03mg

Vitamine (Vitamin C Askorbinsäure; B-6; B-12; Folate-DFE; A-RAE; A-IU; E-alpha-Tocopherol; D; D-D2+D3; K-Phylloquinone; Thiamin; Riboflavin; Niacin)

Kalorien 98,3

29. Ananas-Protein-Shake

Zutaten:

1 Tasse gehackte, frische Ananas

1 Tasse frischer Ananassaft

2 Eiweiß

1 EL brauner Zucker

1 TL Ananasextrakt

2 Kirschen als Dekor

Zubereitung:

Trenne das Eiweiß vom Eigelb. Mische es zusammen mit den anderen Zutaten 30-40 Sekunden in einem Mixer. Garniere den Shake mit Eis und Kirschen auf der Spitze.

Nährwertangaben für 1 Glas:

Kohlenhydrate 11,34g

Zucker 8,11g

Proteine 6,85g

Fette insgesamt 1,84g

Natrium 84mg

Kalium 209,6mg

Calcium 103mg

Eisen 1,93mg

Vitamine (Vitamin C Askorbinsäure; B-6; B-12; Folate-DFE; A-RAE; A-IU; E-alpha-Tocopherol; D; D-D2+D3; K-Phylloquinone; Thiamin; Riboflavin; Niacin)

Kalorien 58,9

30. Exotischer Protein-Shake

Zutaten:

1 Tasse Kokosmilch

½ Banane

½ Tasse gehackte Ananas

1 TL Kokosextrakt

2 EL fettreduzierte, saure Sahne

2 EL brauner Zucker

Zubereitung:

Gib die Zutaten 30-40 Sekunden in einen Mixer und rühre alles um, bis eine geschmeidige Masse entsteht. Serviere den Shake mit Eiswürfeln.

Nährwertangaben für 1 Glas:

Kohlenhydrate 11,17g

Zucker 8,31g

Proteine 5,85g

Fette insgesamt 2,44g

Natrium 82mg

Kalium 279,6mg

Calcium 114mg

Eisen 2,3mg

Vitamine (Vitamin C Askorbinsäure; B-6; B-12; Folate-DFE; A-RAE; A-IU; E-alpha-Tocopherol; D; D-D2+D3; K-Phylloquinone; Thiamin; Riboflavin; Niacin)

Kalorien 72

31. Pfirsichsahne-Protein-Shake

Zutaten:

1 mittlere Pfirsich

1 Glas Mandelmilch

1 EL fettreduzierte, saure Sahne

1 EL Griechischer Joghurt

1 TL Pfirsichextrakt

1 EL Honig

1 TL Kürbiskerne

1 Hand voll Eis

Zubereitung:

Schneide die Pfirsich in kleine Stücke. Gib sie zusammen mit den anderen Zutaten in einen Mixer und mische alles, bis eine geschmeidige Masse entsteht.

Nährwertangaben für 1 Glas:

Kohlenhydrate 13,27g

Zucker 9,11g

Proteine 7,85g

Fette insgesamt 4,94g

Natrium 85mg

Kalium 259mg

Calcium 103mg

Eisen 2,93mg

Vitamine (Vitamin C Askorbinsäure; B-6; B-12; Folate-DFE; A-RAE; A-IU; E-alpha-Tocopherol; D; D-D2+D3; K-Phylloquinone; Thiamin; Riboflavin; Niacin)

Kalorien 70

32. Protein-Shake mit Griechischem Vanillejoghurt

Zutaten:

1 Tasse Griechischer Vanillejoghurt

1 Tasse fettarme Milch

1 EL gehackte Macadamianüsse

1 mittlere Banane

½ Tasse Erdbeeren

1 TL Vanilleextrakt

Zubereitung:

Schäle die Banane und schneide sie in kleine Würfel. Vermenge sie mit den anderen Zutaten in einem Mixer und mische alle 30-40 Sekunden, bis eine geschmeidige Masse entsteht. Du kannst nach Belieben etwas Vanillepulver darüber streuen, aber das ist dir überlassen. Serviere den Shake kalt.

Nährwertangaben für 1 Glas:

Kohlenhydrate 12,2g

Zucker 6,1g

Proteine 9,85g

Fette insgesamt 3,4g

Natrium 79mg

Kalium 216,6mg

Calcium 111mg

Eisen 2,3mg

Vitamine (Vitamin C Askorbinsäure; B-6; B-12; Folate-DFE; A-RAE; A-IU; E-alpha-Tocopherol; D; D-D2+D3; K-Phylloquinone; Thiamin; Riboflavin; Niacin)

Kalorien 78

33. Pflaumenpower-Shake

Zutaten:

3 reife Pflaumen, entsteint

1 Tasse fettarme Milch

½ Tasse Walnüsse

¼ Tasse Agavensirup

Zubereitung:

Mische die Zutaten 30-40 Sekunden in einem Mixer. Serviere den Shake kalt.

Nährwertangaben für 1 Glas:

Kohlenhydrate 12,21g

Zucker 5,98g

Proteine 6,23g

Fette insgesamt 2,31g

Natrium 82,5mg

Kalium 217,8mg

Calcium 124,3mg

Eisen 1,27mg

Vitamine (Vitamin C Askorbinsäure; B-6; B-12; Folate-DFE; A-RAE; A-IU; E-alpha-Tocopherol; D; D-D2+D3; K-Phylloquinone; Thiamin; Riboflavin; Niacin)

Kalorien 56,4

34. Zitronen Protein-Shake

Zutaten:

1 Glas frische Zitronenlimonade, ohne Zucker

1 EL Zitronenschale

2 EL brauner Zucker

½ Tasse Hüttenkäse

1 EL Vanilleextrakt

1 EL gehackte Haferflocken-Kekse

Zubereitung:

Gib die Zutaten in einen Mixer und verrühre alles, bis die Mischung eine cremige Konsistenz einnimmt. Gib sie in ein Glas und streue etwas gehackte Haferflocken-Kekse darüber. Serviere den Shake kalt.

Nährwertangaben für 1 Glas:

Kohlenhydrate 9,27g

Zucker 6,11g

Proteine 8,85g

Fette insgesamt 4,94g

Natrium 86mg

Kalium 211,4mg

Calcium 115mg

Eisen 1,05mg

Vitamine (Vitamin C Askorbinsäure; B-6; B-12; Folate-DFE; A-RAE; A-IU; E-alpha-Tocopherol; D; D-D2+D3; K-Phylloquinone; Thiamin; Riboflavin; Niacin)

Kalorien 57,6

35. Karamell Protein-Shake

Zutaten:

1 Tasse fettarme Milch

½ Tasse brauner Zucker

½ TL Zimt

1 TL Schokoladenextrakt

1 EL gehackte Mandeln

1 mittlere Birne, gehackt, in kleine Stücke

2 EL Griechischer Joghurt

Zubereitung:

Verwende einen Kochtopf, um den Zucker bei schwacher Hitze zum Schmelzen zu bringen. Gib langsam die Milch dazu und rühre alles etwa eine Minute lang gut um. Aus deinem Zucker wird leckeres Karamell. Nimm den Topf vom Herd und lass den Zucker abkühlen. Schneide währenddessen die Birne in kleine Stücke, vermenge sie mit den restlichen Zutaten in einem Mixer, gib den Karamell dazu und mische alles 40 Sekunden gut durch. Gieße den Protein-Shake in ein Glas, streu etwas Zimt darüber und gib Eiswürfel dazu.

Nährwertangaben für 1 Glas:

Kohlenhydrate 12,37g

Zucker 8,42g

Proteine 6,85g

Fette insgesamt 2,74g

Natrium 83mg

Kalium 239,6mg

Calcium 112mg

Eisen 2,05mg

Vitamine (Vitamin C Askorbinsäure; B-6; B-12; Folate-DFE; A-RAE; A-IU; E-alpha-Tocopherol; D; D-D2+D3; K-Phylloquinone; Thiamin; Riboflavin; Niacin)

Kalorien 72,7

MUSKELAUFBAU-GERICHTE VOR DEM KRAFTTRAINING-WETTBEWERB

1. Gekochte Eier mit gehacktem Basilikum

Zutaten:

2 Eier

1 TL gehackt Basilikum

Pfeffer

Zubereitung:

Koche die Eier 10 Minuten. Schäle und schneide sie in kleine Stücke. Streue etwas gehackten Basilikum darüber.

Nährwertangaben pro 100 g:

Kohlenhydrate 1,1g

Zucker 0g

Proteine 13g

Fette insgesamt (gute, einfach gesättigte Fettsäuren) 11g

Natrium 124mg

Muskelaufbau-Rezepte vor und nach dem Krafttraining-Wettbewerb

Kalium 126mg

Calcium 50mg

Eisen 1,2mg

Vitamine (Vitamin A; B-6; B-12; C)

Kalorien 155

2. Sirloin-Steak mit Auberginenscheiben

Zutaten:

1 dünnes Sirloin-Steak

1 mittlere Aubergine

1 TL Olivenöl

gehackter Basilikum

Pfeffer

Zubereitung:

Wasche und pfeffere das Fleisch. Grille es in einer Barbecue-Pfanne etwa 10 Minuten auf jeder Seite. Nimm es aus der Pfanne. Schäle die Aubergine und schneide sie in 2 dicke Scheiben. Brate sie einige Minuten in der gleichen Barbecue-Pfanne an. Nimm die Aubergine vom Herd und serviere sie mit dem Rindfleisch. Streue etwas gehackten Basilikum darauf.

Nährwertangabe:

Kohlenhydrate 6g

Zucker 1.2g

Proteine 35,2 g

Muskelaufbau-Rezepte vor und nach dem Krafttraining-Wettbewerb

Fette insgesamt 4,9g

Natrium 57 mg

Kalium 397mg

Calcium 18,5mg

Eisen 1,9mg

Vitamine (Vitamin A; B-6; B-12; C; D; D2; D3; K;Thiamin; K)

Kalorien 212

3. Tomate-Walnuss-Salat

Zutaten:

1 große Tomate

½ Tasse gehackte Walnüsse

1 TL Zitronensaft

Zubereitung:

Wasche und schneide die Tomate in kleine Stücke. Gib die gehackten Walnüsse dazu und mische alles gut. Gieße etwas Zitronensaftdarüber

Nährwertangabe für eine Tasse:

Kohlenhydrate 8,2g

Zucker 3,8g

Proteine 10g

Fette insgesamt 4,5g

Natrium 17 mg

Kalium 112mg

Calcium 16,5mg

Eisen 1,3mg

Vitamine (Vitamin A; B-6; B-12; C; D; D2; D3; K; Riboflavin; Niacin; Thiamin; K)

Kalorien 218

4. Gekochter Mangold mit Olivenöl

Zutaten:

1 Bund Mangold

1 TL Olivenöl

1 TL Kurkuma

Zubereitung:

Wasch und schneide den Mangold. Brate ihn in Olivenöl 20 Minuten bei niedriger Stufe an, bis er weich ist. Gib vor dem Servieren etwas Kurkuma dazu.

Nährwertangabe für 1 Tasse:

Kohlenhydrate 6,9g

Zucker 2,1g

Proteine 8,4 g

Fette insgesamt 1,9g

Natrium 34,2 mg

Kalium 23,2mg

Calcium 12,4mg

Eisen 0,59mg

Vitamine (Vitamin A; B-6; B-12; C; D; D2; D3; K; Riboflavin; Niacin; Thiamin; K)

Kalorien 113

5. Gebratene Pilze mit Rosmarin

Zutaten:

1 Tasse Pilze

1 TL Olivenöl

1 TL gehackter Rosmarin

Zubereitung:

Brate die Pilze 5-7 Minuten in einer Barbecue-Pfanne an. Nimm sie aus der Pfanne und sprenkle etwas Olivenöl und gehackten Rosmarin darauf.

Nährwertangabe für 1 Tasse:

Kohlenhydrate 6,2g

Zucker 1,1g

Proteine 8,4 g

Fette insgesamt (gute, einfach gesättigte Fettsäuren) 1,3g

Natrium 48,2 mg

Kalium 23,2mg

Calcium 12,4mg

Eisen 0,59mg

Vitamine (Vitamin A; B-6; B-12; C; D; D2; D3; K; Riboflavin; Niacin; Thiamin; K)

Kalorien 117

6. Tintenfisch-Salat mit Tomaten und Kapern

Zutaten:

1 Tasse gefrorener Tintenfisch in Scheiben

¼ Tasse Kapern

½ Tasse Oliven

5 Kirschtomaten

1 TL gehackte Petersilie

1 TL gehackte Sellerie

1 kleine Zwiebel

2 Knoblauchzehen

1 TL gehackter Rosmarin

1 EL Olivenöl

1 TL Zitronensaft

Zubereitung:

Koche den Tintenfisch in gesalzenem Wasser, bis er zart ist. Gewöhnlich dauert es etwa 20-30 Minuten. Nimm ihn dann aus dem Kochtopf, wasche ihn und lass ihn abtropfen. Wasche und schneide das Gemüse. Mische es mit dem Tintenfisch. Vermische die Gewürze und gib den Salat dazu. Streu etwas Olivenöl darüber und beträufle alles mit Zitronensaft. Lass den Salat vor dem Servieren gut abtropfen.

Nährwertangabe für 1 Tasse:

Kohlenhydrate 12,9g

Zucker 5,1g

Proteine 16,4 g

Fette insgesamt (gute, einfach gesättigte Fettsäuren) 9,9g

Natrium 114,2 mg

Kalium 83,2mg

Calcium 42,4mg

Eisen 0,59mg

Vitamine (Vitamin A; B-6; B-12; C; D; D2; D3; K; Riboflavin; Niacin; Thiamin; K)

Kalorien 81

7. Gegrillte Zucchini mit Knoblauch und Petersilie

Zutaten:

1 mittlere Zucchini

1 EL gehackte Petersilie

2 Knoblauchzehen

Zubereitung:

Schäle die Zucchini und schneide sie in 4 Scheiben. Brate sie 3-4 Minuten in einer Barbecue-Pfanne. Gib gehackten Knoblauch dazu und brate sie weitere 5 Minuten. Streue vor dem Servieren Petersilie.

Nährwertangabe:

Kohlenhydrate 3,71g

Zucker 3g

Proteine 2 g

Fette insgesamt 0g

Natrium 2,9 mg

Kalium 360mg

Calcium 0,2mg

Eisen 0,3mg

Vitamine (Vitamin A; B-6; B-12; C; D:K)

Kalorien 20

8. Frucht-Gemüse-Shake

Zutaten:

1 Tasse mit Heidelbeeren, Himbeeren, Johannisbeeren und Erdbeeren

½ Tasse gehackter Babyspinat

2 Tassen Wasser

Zubereitung:

Mische die Zutaten einige Minuten in einer Küchenmaschine.

Nährwertangabe für eine Tasse:

Kohlenhydrate 9,2g

Zucker 6,15g

Proteine 8,75g

Fette insgesamt 0,87g

Natrium 54,8mg

Kalium 107,8mg

Calcium 82mg

Eisen 2,03mg

Vitamine (Vitamin C Askorbinsäure; B-6; B-12; Folate-DFE; A-RAE; A-IU; E-alpha-Tocopherol; D; D-D2+D3; K-Phylloquinone; Thianin; Riboflavin; Niacin)

Kalorien 42,6

9. Fischeintopf

Zutaten:

1 Karpfenfilet

1 Karotte

2 Chilischoten

1 mittlere Tomate

Pfeffer

Sellerieknollen und -blätter

Zubereitung:

Am besten kaufst du gekochte Karotten oder aber kochst sie, bevor du den Fischeintopf zubereitest. Wasche und schneide das Gemüse, mische es mit dem Sellerie und dem Fisch und gib alles in einen Kochtopf. Gib etwas Wasser hinein, bis alles bedeck ist. Koche den Fisch auf niedriger Stufe 20-30 Minuten.

Nährwertangabe:

Kohlenhydrate 8,2g

Zucker 3,9g

Proteine 15,2 g

Fette insgesamt (gute, einfach gesättigte Fettsäuren) 6,6g

Natrium 113,8 mg

Kalium 71mg

Calcium 29,1mg

Eisen 0,32mg

Vitamine (Vitamin A; B-6; B-12; C; D; D2; D3; K; Riboflavin; Niacin; Thiamin; K)

Kalorien 172

10. Ananas-Omelette mit Mandeln

Zutaten:

3 Scheiben Ananas

2 Eier

½ Tasse Mandeln

1 EL Leinsamenöl zum Anbraten

Zubereitung:

Schlage die Eier und gib die Mandeln dazu. Brate die Ananasscheiben einige Minuten auf beiden Seiten an, ohne Öl. Wenn sie gar sind, nimm die Scheiben aus der Pfanne, gieße etwas Öl hinein, erhitze die Pfanne wieder und gib die Eier-Mischung dazu. Serviere mit den gebratenen Ananasscheiben.

Nährwertangaben pro 100g:

Kohlenhydrate 8,9g

Zucker 4,6g

Proteine 19,2 g

Fette insgesamt 13,6g

Natrium 134,8 mg

Kalium 131mg

Calcium 67,1mg

Eisen 1,52mg

Vitamine (Vitamin A; B-12; C; K; Riboflavin; Niacin; K)

Kalorien 187

11. Rinder-Kotelett mit Ananas und Kurkuma

Zutaten:

1 mittlere Rinder-Kotelett

1 EL Olivenöl

1 TL Kurkuma

Pfeffer

2 Ananasscheiben

Zubereitung:

Wasche und trockne das Fleisch. Brate es 15-20 Minuten bei niedriger Temperatur ohne Öl an, in seinem eigenen Saft. Nimm es vom Herd. Mach eine Sauce aus Olivenöl, Kurkuma und Pfeffer und verteile sie über das gebratene Rindfleisch. Brate es anschließend weitere 3-4 Minuten, gib die Ananasscheiben dazu und serviere die Koteletts warm.

Nährwertangaben pro 100g:

Kohlenhydrate 15,7g

Zucker 9,9g

Proteine 34g

Fette insgesamt (gute, einfach gesättigte Fettsäuren) 17,6g

Natrium 99,3 mg

Kalium 328mg

Calcium 49,1mg

Eisen 0,52mg

Vitamine (Vitamin A; B-6; B-12; C; D; D2; D3; K; Riboflavin; Niacin; Thiamin; K)

Kalorien 311

12. Obstsalat

Zutaten:

1 Tasse Beeren

½ Tasse Ananaswürfel

½ Tasse gehackter Apfel

1 TL Zimt

1 TL Agavensirup

Zubereitung:

Vermenge die Früchte, gib Agavensirup dazu und streue Zimt darauf.

Nährwertangabe für 1 Tasse:

Kohlenhydrate 19,2g

Zucker 12g

Proteine 15,2 g

Fette insgesamt (gute, einfach gesättigte Fettsäuren) 4,6g

Natrium 123,8 mg

Kalium 95mg

Calcium 44,1mg

Eisen 0,52mg

Vitamine (Vitamin A; B-6; B-12; C; D; D2; D3; K; Riboflavin; Niacin; Thiamin; K)

Kalorien 77

13. Thunfisch-Salat mit Kopfsalat und Curry

Zutaten:

1 kleine Dose Thunfisch ohne Öl

1 Bund Kopfsalat

2 Chilischoten

1 TL Curry

1 TL Zitronensauce

Zubereitung:

Wasche und schneide den Kopfsalat. Vermenge ihn mit Thunfisch, gib die gehackte Chilischoten und die Zitronensauce dazu. Streu etwas Curry darauf.

Nährwertangabe für eine Tasse:

Kohlenhydrate 23,4g

Zucker 13g

Proteine 33,2g

Fette insgesamt (gute, einfach gesättigte Fettsäuren) 12,4g

Natrium 123mg

Muskelaufbau-Rezepte vor und nach dem Krafttraining-Wettbewerb

Kalium 72,3mg

Calcium 42,1mg

Eisen 0,27mg

Vitamine (Vitamin A; B-6; B-12; C; D; D2; D3; K; Riboflavin; Niacin; Thiamin; K)

Kalorien 68

14. Putenschlegel mit Muskat und Johannisbrot

Zutaten:

1 Putenschlegel

½ Tasse Wasser

½ Tasse Muskat

½ Tasse Johannisbrot

Zubereitung:

Wasche und säubere das Fleisch. Brate es etwa 15 Minuten in seinem eigenen Saft an (füge etwas Wasser dazu, während du die Pute brätst). Reibe den Muskat und das Johannisbrot ganz fein und füge in die Pfanne. Hebe alles unter die Putensauce. Nimm sie vom Herd und streue etwas mehr Johannisbrot darüber.

Nährwertangabe für 1 Tasse:

Kohlenhydrate 3,2g

Zucker 0,9g

Proteine 31g

Fette insgesamt (gute, einfach gesättigte Fettsäuren) 10,4g

Natrium 998mg

Kalium 78,2mg

Calcium 48mg

Eisen 0,37mg

Vitamine (Vitamin A; B-6; B-12; C; D; D2; D3; K; Riboflavin; Niacin; Thiamin; K)

Kalorien 210

15. Gegrillte Auberginenscheiben mit gehackter Fenchel

Zutaten:

1 große Aubergine

½ Tasse gehackter Fenchel

1 EL Olivenöl

1 TL gehackte Petersilie

Zubereitung:

Schäle die Aubergine und schneide sie in 3 Scheiben. Brate sie in einer Barbecue-Pfanne ohne Öl. Wenn sie gar ist, streiche Olivenöl darüber, gib etwas Fenchel und Petersilie darauf.

(Diese Auberginenscheiben schmecken auch sehr gut kalt, du kannst sie also ohne Probleme über Nacht im Kühlschrank aufzubewahren)

Nährwertangaben pro Scheibe:

Kohlenhydrate 8,9g

Zucker 3g

Proteine 7g

Fette insgesamt (gute, einfach gesättigte Fettsäuren) 2,4g

Natrium 54mg

Kalium 32,5mg

Calcium 12,4mg

Eisen 0,37mg

Vitamine (Vitamin A; B-6; B-12; C; D; D2; D3; K; Riboflavin; Niacin; Thiamin; K)

Kalorien 54

16. Spinat-Omelette

Zutaten:

1 Tasse gehackt Spinat

2 Eier

1 EL Olivenöl zum Anbraten

Zubereitung:

Koche den Spinat in gesalzenem Wasser, bis er zart ist. Nimm ihn aus der Pfanne und trockne ihn ab. Brate ihn 5-6 Minuten in Olivenöl und füge die Eier dazu. Rühre gut um und serviere die Omelettes warm.

Nährwertangaben pro 100g:

Kohlenhydrate 1,9g

Zucker 0,6g

Proteine 19,2 g

Fette insgesamt 13,6g

Natrium 144mg

Kalium 133mg

Calcium 71mg

Eisen 1,8mg

Vitamine (Vitamin A; B-12; C; K; Riboflavin; Niacin; K)

Kalorien 177

17. Auberginen-Kasserolle

Zutaten:

2 große Auberginen

1 Tasse Hackfleisch

1 mittlere Zwiebel

1 TL Olivenöl

Pfeffer

2 mittlere Tomaten

1 TL gehackte Petersilie

Zubereitung:

Schäle die Auberginen und schneide sie längs in Scheiben. Leg sie in eine Schüssel und lass sie darin mindestens eine Stunde ruhen. Wälze sie in den geschlagenen Eiern und brate sie dann in heißem Öl. Schneide die Zwiebel, brate sie an, gib Pfeffer und Tomate dazu, welche du in Würfel schneidest. Hacke die Petersilie fein. Brate sie einige Minuten und füge dann das Fleisch hinzu. Sobald das Fleisch zart ist, drehe die Hitze ab, lass es abkühlen, gib 1 Ei dazu und würze mit Pfeffer. Gib die gebratene Aubergine und das Fleisch mit dem Gemüse in eine

Backofen geeignete Form und verarbeite alles in verschiedenen Belägen. Backe die Kasserolle 30 Minuten bei 180°C.

Nährwertangaben pro 100g:

Kohlenhydrate 7,9g

Zucker 3,4g

Proteine 10,2 g

Fette insgesamt 13,6g

Natrium 164mg

Kalium 302mg

Calcium 21,1mg

Eisen 1,32mg

Vitamine (Vitamin A; B-12; C; K; Riboflavin; Niacin; K)

Kalorien 109

18. Lauch mit Hühnerwürfel

Zutaten:

2 Tassen geschnittener Lauch

1 Tasse Hühnerfilet, in Würfel geschnitten

Olivenöl

Thymianblätter zum Garnieren

Salz zum Abschmecken

Zubereitung:

Schneide den Lauch in kleine Stücke und wasche ihn einen Tag vor dem Servieren unter kaltem Wasser. Leg ihn über Nacht in eine Plastiktüte.

Erhitze das Öl in einer großen Pfanne. Gib Hühnerwürfel dazu und brate sie 15 Minuten bei mittlerer Temperatur. Rühre alles gut um und brate es weitere 10 Minuten bei niedriger Temperatur. Nimm alles aus dem Kochtopf und lass es abkühlen. Garniere mit Thymianblätter.

Nährwertangabe für eine Tasse:

Kohlenhydrate 7g

Zucker 1,6g

Proteine 18,1 g

Fette insgesamt 13,6g

Natrium 124,1 mg

Kalium 120mg

Calcium 69,3mg

Eisen 1,42mg

Vitamine (Vitamin A; B-6; B-12; C; D; D2; D3; K; Riboflavin; Niacin; Thiamin; K)

Kalorien 187

19. Gebratene Pilze mit Gemüse

Zutaten:

2 Tassen Champignons

1 Tasse getrocknete Putenwürfel

2 große Karotten

½ Tasse gehackter Weißkohl

1 TL Ingwer

1 EL Olivenöl

1 TL gehackte Petersilie

Zubereitung:

Koche das Gemüse in Wasser, bis es weich ist. Nimm es aus der Pfanne und trockne es. Lass es einige Minuten abkühlen. Vermische Olivenöl, Ingwer und Petersilie, gib etwas Wasser dazu und koche alles einige Minuten bei mittlerer Hitze. Verteile die Sauce über das Gemüse, gib die getrocknete Pute dazu und verrühre alles gut. Lass alles vor dem Servieren etwa 30 Minuten im Kühlschrank abkühlen.

Nährwertangabe für eine Tasse:

Kohlenhydrate 18,6g

Zucker 11,3g

Proteine 21,9g

Fette insgesamt 14,2g

Natrium 153,3 mg

Kalium 89,8mg

Calcium 49,9mg

Eisen 0,42mg

Vitamine (Vitamin A; B-6; B-12; C; D; D2; D3; K; Riboflavin; Niacin; Thiamin; K)

Kalorien 79

20. Chicken Wings mit Kurkumasauce

Zutaten:

2 Chicken Wings

1 TL Kurkuma

1 EL Olivenöl

½ TL getrockneter Rosmarin

¼ TL rote Paprika

Zubereitung:

Brate die Chicken Wings 10-15 Minuten in einer Barbecue-Pfanne. 3-4 Minuten bevor das Hühnchen gut ist, gib Olivenöl, Kurkuma, Rosmarin, Pfeffer und etwas Wasser dazu. Mische die Sauce gut und tunke das Hühnchen darin.

Nährwertangaben pro 100g:

Kohlenhydrate 18,6g

Zucker 0,9g

Proteine 28g

Fette insgesamt 22,7g

Muskelaufbau-Rezepte vor und nach dem Krafttraining-Wettbewerb

Natrium 431,3 mg

Kalium 189mg

Calcium 2,9mg

Eisen 2,42mg

Vitamine (Vitamin A; B-6; B-12; C; D; D2; D3; K; Riboflavin; Niacin; Thiamin; K)

Kalorien 318

21. Tomaten-Thunfisch-Salat

Zutaten:

2 große Tomaten

2 mittlere Zwiebeln

3 Dosen Thunfisch

1 EL Olivenöl

1 TL Zitronensaft

Basilikum

Salz zum Abschmecken

Zubereitung:

Wasche und schäle das Gemüse. Schneide es in kleine Würfel. Gib Olivenöl, Zitronensaft und Basilikum dazu. Rühre alles gut um.

Nährwertangabe für 1 Tasse:

Kohlenhydrate 17,9g

Zucker 9,1g

Proteine 28,3 g

Fette insgesamt (gute, einfach gesättigte Fettsäuren) 15,8g

Natrium 127mg

Kalium 89,6mg

Calcium 42,1mg

Eisen 0,38mg

Vitamine (Vitamin A; B-6; B-12; C; D; D2; D3; K; Riboflavin; Niacin; Thiamin; K)

Kalorien 99

22. Kalbssteak mit roter Paprikasauce

Zutaten:

1 mittleres Kalbssteak

1 große rote Paprika

1 TL roter Pfeffer

1 EL Olivenöl

gehackter Rosmarin

Zubereitung:

Wasche die Paprika und schneide sie in kleine Stücke. Gib sie in eine große Pfanne, füge Olivenöl und Rosmarin dazu. Lass es 15 Minuten bei niedriger Hitze schmoren. Gib die rote Paprika dazu und koche alles einige Minuten. Wasche und trockne das Steak. Brate es in einer Barbecue-Pfanne, bis es zart ist. Verteile Sauce darauf und nimm es aus der Pfanne.

Nährwertangaben pro 100g:

Kohlenhydrate 4,5g

Zucker 2,1g

Proteine 26 g

Muskelaufbau-Rezepte vor und nach dem Krafttraining-Wettbewerb

Fette insgesamt 9,8g

Natrium 87 mg

Kalium 339mg

Calcium 2,1mg

Eisen 0,16mg

Vitamine (Vitamin A; B-6; B-12; C; D; D2; D3; K)

Kalorien 203

23. Pilz-Omelette

Zutaten:

1 Tasse Pilze

2 Eier

1 EL Olivenöl

Zubereitung:

Brate die Pilze bei niedriger Temperatur in Olivenöl. Lass die Pilzsauce verdampfen. Gib Eier dazu und mische alles gut.

Nährwertangaben pro 100 g:

Kohlenhydrate 4,1g

Zucker 0g

Proteine 18g

Fette insgesamt (gute, einfach gesättigte Fettsäuren) 11g

Natrium 126mg

Kalium 124mg

Calcium 14,9mg

Eisen 1,8mg

Vitamine (Vitamin A; B-6; B-12; C)

Kalorien 174

24. Putenfilet mit Walnüssen und Ahornsirup

Zutaten:

3 Putenfilets

½ Tasse Walnüsse

1 TL Ahornsirup

¼ Tasse Wasser

1 EL Olivenöl

Salz zum Abschmecken

Zubereitung:

Brate die Filets in einer Barbecue-Pfanne bei niedriger Temperatur etwa 15 Minuten, bis sie zart sind. Nimm sie vom Herd und gib Wasser, Ahornsirup und Walnüsse darauf. Rühre alles gut um und brate sie weitere 5-6 Minuten, bis das Wasser verdampft. Lass es einige Zeit abkühlen.

Nährwertangaben pro 100 g:

Kohlenhydrate 10,1g

Zucker 7,3g

Muskelaufbau-Rezepte vor und nach dem Krafttraining-Wettbewerb

Proteine 24,2g

Fette insgesamt 8,7g

Natrium 1025mg

Kalium 126mg

Calcium 50mg

Eisen 1,2mg

Vitamine (Vitamin A; B-6; C)

Kalorien 148

25. Geröstete Kirschtomaten mit Auberginen-Basilikum-Salat

Zutaten:

1 kleine Aubergine

5 Eiweiß

1 Tasse Kirschtomaten

1 TL frisch gehackter Basilikum

1 EL Olivenöl

weißer Pfeffer zum Abschmecken

1 TL Zitronensaft

Zubereitung:

Schneide die Aubergine in dicke Stücke (etwa Würfel groß). Salze die Auberginen-Würfel, gib Öl und Eiweiß darauf und leg sie auf eine Backform. Falls notwendig, verteile noch mehr Olivenöl darauf (das ist optional). Backe die Auberginen etwa 10 Minuten im vorgeheizten Backofen bei 180°C. Wasche die Kirschtomaten und brate sie etwa 15 Minuten bei niedriger Temperatur an. Verwende dazu eine kleine Pfanne. Es soll eine leicht karamellisierte Tomatensauce entstehen. Drehe die Hitze ab und lass die Sauce einige Zeit abkühlen. Rühre unter die Zitronensauce das Olivenöl und den frischen Basilikum. Gieße alles über die Aubergine und serviere sie kalt. Das ist eine gute Beilage für Barbecue oder gegrilltem Fisch. Im Kühlschrank kannst du die Aubergine bis zu einer Woche aufheben.

Nährwertangaben pro Scheibe:

Kohlenhydrate 10,4g

Zucker 3g

Proteine 19g

Fette insgesamt (gute, einfach gesättigte Fettsäuren) 4,9g

Natrium 52mg

Kalium 38,3mg

Calcium 12,9mg

Eisen 0,32mg

Vitamine (Vitamin A; B-6; B-12; C; D; D2; D3; K; Riboflavin; Niacin; Thiamin; K)

Kalorien 87

26. Muskat-Omelette

Zutaten:

3 Eier

2 EL Olivenöl

1 TL Muskat

1/5 TL Pfeffer

Zubereitung:

Schlage die Eier und gib den Muskat und Pfeffer dazu. Rühre alles gut um und brate es in Olivenöl einige Minuten an. Serviere die Omelette warm. Wenn du möchtest, kannst du zusätzlich noch mit Salz würzen.

Nährwertangaben pro 100g:

Kohlenhydrate 0,9g

Zucker 0,45g

Proteine 12g

Fette insgesamt 12,4g

Natrium 156mg

Kalium 117,5mg

Calcium 4,4mg

Eisen 7,37mg

Vitamine (Vitamin A; B-6; D; D2; D3)

Kalorien 156

27. Garnelen in Tomatensauce

Zutaten:

2 Tassen gefrorene Garnelen

1 große Tomate

1 TL getrockneter Basilikum

2 Knoblauchzehen

3 EL Olivenöl

Salz zum Abschmecken

Zubereitung:

Brate die gefrorenen Garnelen ohne Öl in einer Barbecue-Pfanne. Wasche und schneide die Tomate in kleine Stücke, gib den gehackten Basilikum, den gehackten Knoblauch und Olivenöl dazu. Koche alles 5-6 Minuten (gib bei Bedarf etwas Wasser zu). Gieße die Sauce über die gebratenen Garnelen. Serviere mit Kopfsalat.

Nährwertangaben pro 100g:

Kohlenhydrate 7,9g

Zucker 4,2g

Proteine 28g

Fette insgesamt (gute, einfach gesättigte Fettsäuren) 1,32g

Natrium 131mg

Kalium 269.5mg

Calcium 8,7mg

Eisen 4,37mg

Vitamine (Vitamin A; B-6; B-12; C; D; D2; D3; K; Riboflavin; Niacin; Thiamin; K)

Kalorien 164

28. Kopfsalat

Zutaten:

1 Bund Kopfsalat

1 EL Olivenöl

1 TL Zitronensaft

Zubereitung:

Wasch und schneide den Kopfsalat, verteile Olivenöl und Zitronensaft darauf. Am besten bereitest du diesen Salat erst kurz vor dem Servieren des Hauptgerichtes zu. Lass ihn nicht zu lange stehen.

Nährwertangaben pro Tasse:

Kohlenhydrate 1,2g

Zucker 0,3g

Proteine 1,7g

Fette insgesamt (gute, einfach gesättigte Fettsäuren) 1,4g

Natrium 19mg

Kalium 132mg

Calcium 1,4mg

Eisen 2,3mg

Vitamine (Vitamin A; B-6; B-12; C;K)

Kalorien 25

29. Koriander-Salat

Zutaten:

1 Tasse gehackter Koriander

1 gekochtes Ei

2 Tassen Kirschtomaten

1 TL Kurkuma

2 EL Olivenöl

1 TL Zitronensauce

Salz zum Abschmecken

Zubereitung:

Wasche und schneide die Kirschtomaten und vermische sie mit dem Koriander. Gib Kurkuma, Olivenöl und Zitronensauce dazu.

Nährwertangabe für 1 Tasse:

Kohlenhydrate 14,2g

Zucker 8,9g

Proteine 10g

Fette insgesamt (gute, einfach gesättigte Fettsäuren) 9,6g

Natrium 122,2 mg

Kalium 81mg

Calcium 45,5mg

Eisen 0,37mg

Vitamine (Vitamin A; B-6; B-12; C; D; D2; D3; K; Riboflavin; Niacin; Thiamin; K)

Kalorien 55

30. Gebackene Eier mit gehackter Minze

Zutaten:

3 Eier

1 EL Olivenöl

1 EL gehackte Minze

1 Tasse Kirschtomaten

1 kleine Zwiebel

Pfeffer zum Abschmecken

Salz zum Abschmecken

Zubereitung:

Schneide das Gemüse in kleine Stücke und brate es bei niedriger Temperatur etwa 15 Minuten in einer großen Pfanne an. Warte, bis das Wasser verdampft ist. Schlage die Eier und gib die gehackte Minze dazu. Hebe das Gemüse unter, träufle Olivenöl darauf und brate alles einige Minuten. Würze vor dem Servieren mit etwas Salz und Pfeffer.

Nährwertangaben pro 100 g:

Kohlenhydrate 8,1g

Zucker 4g

Proteine 28g

Fette insgesamt (gute, einfach gesättigte Fettsäuren) 11,9g

Natrium 176mg

Kalium 174mg

Calcium 17,9mg

Eisen 1,5mg

Vitamine (Vitamin A; B-6; B-12; C; D; D2; D3; K; Riboflavin; Niacin; Thiamin; K)

Kalorien 194

31. Kalbskotelett mit gehackten Nelken

Zutaten:

2 große Kalbskoteletts

1 Tasse gehackte Nelken

4 EL Olivenöl

1 EL getrocknete Petersilie

1 TL Rosmarin

1 TL rote Paprika

1 EL Zitronensaft

Zubereitung:

Mische die Nelken, das Olivenöl, Petersilie und Rosmarin um eine leckere Sauce zu erhalten. Wasche das Steak und leg es in eine kleine Auflaufform. Verteile die Sauce darüber und backe es 15-20 Minuten bei 170°C. Nimm das Fleisch aus dem Ofen, streue Pfeffer darüber und träufle Zitronensaft darauf. Dekoriere die Form mit einigen Petersilienblättern. Lass es etwa 10 Minuten abkühlen.

Nährwertangaben pro 100g:

Kohlenhydrate 8.2g

Zucker 4,9g

Proteine 22g

Fette insgesamt 9,6g

Natrium 97,2 mg

Kalium 381mg

Calcium 4.5mg

Eisen 5,3mg

Vitamine (Vitamin A; B-6; B-12; C; D; D2; D3; K; Riboflavin; Niacin; Thiamin; K)

Kalorien 216

32. Tomatensuppe

Zutaten:

1 Tasse Tomatensauce

2 Eiweiß

2 Tassen Wasser

2 Knoblauchzehen

2 EL Olivenöl

1TL getrockneter Majoran

gehackte Petersilie

Zubereitung:

Brate den gehackten Knoblauch in Öl. Rühre die Tomatensauce unter das Wasser. Füge die Petersilie dazu und lass sie aufkochen. Serviere alles mit Majoran.

Nährwertangaben pro 150 ml:

Kohlenhydrate 6,8g

Zucker 3,9g

Proteine 7g

Fette insgesamt (gute, einfach gesättigte Fettsäuren) 0,.6g

Natrium 190,2 mg

Kalium 112mg

Calcium 0,5mg

Eisen 2,3mg

Vitamine (Vitamin A; C)

Kalorien 30

33. Gegrillte Zucchini mit gehacktem Basilikum und Minze

Zutaten:

1 große Zucchini

¼ Tasse gehackten Basilikums

¼ Tasse gehackte Minze

1 EL Olivenöl

¼ Glas Wasser

Pfeffer zum Abschmecken

Zubereitung:

Koche die Gewürze 2-3 Minuten in Wasser und gib Pfeffer dazu. Schäle und schneide die Zucchini in drei Scheiben. Grille sie in einer Barbecue-Pfanne mit Olivenöl. Gib Minze und Basilikum dazu. Brate das Gemüse, bis das Wasser verdampft ist. Du kannst noch etwas mehr Zitronensaft vor dem Servieren darauf träufeln, aber das ist optional.

Nährwertangabe für eine Scheibe:

Kohlenhydrate 3,8g

Muskelaufbau-Rezepte vor und nach dem Krafttraining-Wettbewerb

Zucker 2g

Proteine 2,9 g

Fette insgesamt 0,9g

Natrium 2,76 mg

Kalium 343mg

Calcium 0,27mg

Eisen 0,3mg

Vitamine (Vitamin A; B-6; B-12; C; D:K)

Kalorien 23

34. Kalbsfleischsuppe mit Gemüse

Zutaten:

1 dickes Kalbssteak

2 große Karotten

½ Tasse gehackte Petersilie

1 große Tomate

¼ TL Pfeffer

1 kleine Zwiebel

Zubereitung:

Wasche das Fleisch und gib es in eine Schüssel. Schütte Wasser darauf und koche das Fleisch, bis es zart ist. Putze und schneide in der Zwischenzeit das Gemüse in kleine Würfel. Sobald das Fleisch gekocht ist, nimm es aus der Pfanne und schneide es in kleine Würfel. Vermische es mit dem Gemüse, gib es zurück ins Wasser und koche es, bis die Karotten zart sind. Würze und serviere.

Nährwertangaben pro Tasse:

Kohlenhydrate 3g

Zucker 2,1g

Proteine 22 g

Fette insgesamt 5,7g

Natrium 71 mg

Kalium 148mg

Calcium 2,2mg

Eisen 4,3mg

Vitamine (Vitamin A; B-6; B-12; C; D; D2; D3; K; Riboflavin; Niacin; Thiamin; K)

Kalorien 112

35. Lammkotelett mit Haselnusssauce

Zutaten:

1 mittlere Lammkotelett

½ Tasse Haselnuss

1 TL Curry

1 EL Olivenöl

Pfeffer zum Abschmecken

Zubereitung:

Wasche das Kotelett und koche es 15-20 Minuten Wasser. Nimm es aus dem Topf und trockne es, aber schütte das Wasser nicht weg. Bereite eine Sauce aus Olivenöl, Curry, Haselnuss und Pfeffer zu. Verteile die Sauce über das Kotelett, gib etwas Fleischwasser dazu und backe es bei 180°C 15-20 Minuten.

Nährwertangaben pro 100g:

Kohlenhydrate 4,7g

Zucker 4,1g

Proteine 29 g

Fette insgesamt 11,8g

Natrium 137 mg

Kalium 239mg

Calcium 2,9mg

Eisen 2,16mg

Vitamine (Vitamin A; B-6; B-12; C; D; D2; D3; K; Riboflavin; Niacin; Thiamin; K)

Kalorien 213

36. Gegrillte rote Paprika

Zutaten:

1 große rote Paprika

1 EL Olivenöl

2 Knoblauchzehen

gehackte Petersilie

Zubereitung:

Mische das Olivenöl mit Knoblauch und Petersilie. Verteile die Sauce über die Paprika und backe sie etwa 10-15 Minuten in einer Barbecue-Pfanne bei niedriger Temperatur.

Nährwertangaben pro 100g:

Kohlenhydrate 6,2g

Zucker 4,4g

Proteine 2g

Fette insgesamt 0,8g

Natrium 7 mg

Kalium 215mg

Calcium 2,8mg

Eisen 2,6mg

Vitamine (Vitamin A; B-6; B-12; C; D; Riboflavin; Niacin; Thiamin; K)

Kalorien 38

37. Auberginen-Pâté

Zutaten:

1 große Aubergine

6 Eiweiß

1 TL Senf

1 TL fettfreie Mayonnaise

2 Knoblauchzehen

1 TL Petersilie

¼ Tasse Wasser

1 TL Olivenöl

Zubereitung:

Bemerkung: Das Verhältnis aus Aubergine und Wasser ist abhängig von der Art der Aubergine und den unterschiedlichen Weisen dieses Pâté zuzubereiten. Aubergine, die im Ofen gebacken wird, wird sehr trocken sein, aber sie schmeckt weitaus besser und ist zudem nicht so bitter. Aubergine, die in einer Mikrowelle „gekocht" wird, ist leichter, saftiger und etwas bitterer, aber sehr schnell zubereitet.

Schäle die Aubergine, schneide sie in Würfel und koche sie in der Mikrowelle etwa 5 Minuten in einem zugedeckten, feuerfesten Topf. Oder backe sie traditionell im Backofen: schäle sie und lass das Wasser abtropfen. Gib Wasser dazu und püriere die Aubergine mit einem Rührstab.

Mische die Mayonnaise mit Eiweiß und Olivenöl. Füge die Aubergine dazu und rühre alles zusammen.

Hacke den Knoblauch fein und gib Senf dazu. So erhältst du nahezu einen großen Becher voll Pâté. Dieser eignet sich hervorragend als Aufstrich oder passt als Beilage perfekt zu Hühnchen oder Pute.

Nährwertangaben pro 100g:

Kohlenhydrate 12,9g

Zucker 6g

Proteine 17g

Fette insgesamt 3,4g

Natrium 154mg

Kalium 132,5mg

Calcium 10,4mg

Eisen 3,37mg

Vitamine (Vitamin A; B-6; B-12; C; D; D2; D3; K; Riboflavin; Niacin; Thiamin; K)

Kalorien 71

38. Gekochtes Rindfleisch und Weißkohl

Zutaten:

1 großes Rindersteak

1 Tasse gehackte Weißkohl, gekocht

¼ TL Pfeffer

2 EL Olivenöl

½ Tasse Wasser

Zubereitung:

Schneide das Fleisch in kleine Stücke. Gib es in einen kleinen Topf und koche es bei niedriger Temperatur in Olivenöl, bis es zart ist. Gib etwas Wasser dazu, wenn notwendig. Wenn das Fleisch zart ist, füge Weißkohl und Pfeffer dazu. Schmore es mindestens 40 Minuten bei niedriger Temperatur.

Nährwertangaben pro 100g:

Kohlenhydrate 8,1g

Zucker 3,2g

Proteine 36,1 g

Muskelaufbau-Rezepte vor und nach dem Krafttraining-Wettbewerb

Fette insgesamt 6,9g

Natrium 157 mg

Kalium 499mg

Calcium 19,9mg

Eisen 5,9mg

Vitamine (Vitamin A; B-6; B-12; C; D; D2; D3; K;Thiamin; K)

Kalorien 234

39. Broccoli Suppe

Zutaten:

1 Tasse Broccoli

1 kleine Karotte

1 kleine Zwiebel

etwas Salz

Pfeffer zum Abschmecken

1 EL Kokosöl

Zubereitung:

Wasche die Zwiebel und Karotten, aber schneide sie nicht klein. Gib sie zusammen mit dem Broccoli in gesalzenes Wasser und koche es. Wenn das Gemüse gar ist, gib alles in eine Küchenmaschine. Erhitze das verbleibende Gemüsewasser, bis es kocht und rühre etwas Öl darunter. Koche es, bis das Wasser eindickt, füge das Gemüse dazu und koche es weitere 5-7 Minuten. Serviere das Gemüse warm.

Nährwertangabe für eine Tasse:

Kohlenhydrate 15g

Muskelaufbau-Rezepte vor und nach dem Krafttraining-Wettbewerb

Zucker 5,2g

Proteine 7,2 g

Fette insgesamt 4,1g

Natrium 887 mg

Kalium 376mg

Calcium 25,5mg

Eisen 1,2mg

Vitamine (Vitamin A;C)

Kalorien 120

40. Kopfsalat und Thunfisch-Salat

Zutaten:

1 Bund Kopfsalat

3 Dosen Thunfisch ohne Öl

1 EL Zitronensaft

2 große Zwiebeln

2 große Tomaten

5 Oliven

Zubereitung:

Wasche und schneide den Kopfsalat. Mische ihn mit dem Thunfisch. Schäle und schneide die Zwiebel, schneide die Tomate, rühre sie unter den Thunfisch und Kopfsalat. Gib Zitronensaft und Oliven dazu.

Nährwertangabe für eine Tasse:

Kohlenhydrate 19,4g

Zucker 12g

Proteine 31,2g

Fette insgesamt (gute, einfach gesättigte Fettsäuren) 11,5g

Natrium 141mg

Kalium 86,1mg

Calcium 43,2mg

Eisen 0,31mg

Vitamine (Vitamin A; B-6; B-12; C; D; D2; D3; K; Riboflavin; Niacin; Thiamin; K)

Kalorien 71

Muskelaufbau-Rezepte vor und nach dem Krafttraining-Wettbewerb

Muskelaufbau-Rezepte vor und nach dem Krafttraining-Wettbewerb

SHAKES NACH DEM KRAFTTRAINING-WETTBEWERB

1. **Hafer & Mandel-Shake**

   Zubereitungszeit: 5 Minuten
   Portionen: 3

1. *Zutaten:*

   220ml Milch
   1 Esslöffel Mandeln (gemahlen) (15g)
   1 Esslöffel Hafer (15g)
   1 Teelöffel Ahornsirup (5g)
   ½ Teelöffel Vanilleextrakt (2-3g)
   2 Esslöffel Griechischer Joghurt (30g)
   30g Weizenprotein

2. *Zubereitung:*

   Alle Zutaten in eine Küchenmaschine geben und umrühren, bis die Konsistenz geschmeidig ist.

3. *Nährwertangaben (Menge pro 100ml/ganzer Portion):*

   Beinhaltet: Calcium, Eisen;

Muskelaufbau-Rezepte vor und nach dem Krafttraining-Wettbewerb

Kalorien: 111	Kalorien: 333
Kalorien von Fetten: 29	Kalorien von Fetten: 86
Fette insgesamt: 3,2g	Fette insgesamt: 9,5g
Gesättigte Fette: 0,7g	Gesättigte Fette: 2,1g
Cholesterol: 21mg	Cholesterol: 64mg
Natrium: 58mg	Natrium: 175mg
Kalium: 182mg	Kalium: 547mg
Kohlenhydrate insgesamt: 9,3g	Kohlenhydrate insgesamt: 27,9g
Ballaststoffe: 0,8g	Ballaststoffe: 2,6g
Zucker: 5,1g	Zucker: 15,3g
Protein: 11,1g	Protein: 33,5g

2. Pfefferminze-Haferflocken-Shake

Zubereitungszeit: 5 Minuten
Portionen: 5

1. Zutaten:

70g Haferflocken
30g Kleie
300ml Milch
50g Quark
½ Teelöffel Pfefferminzextrakt (3g)
30g Eiscreme (Vanille/Schokolade)
50g Weizenprotein (Schokolade)

2. Zubereitung:

Alle Zutaten in eine Küchenmaschine geben und umrühren, bis die Konsistenz geschmeidig ist.

3. Nährwertangaben (Menge pro 100ml/ganzer Portion):

Beinhaltet: Vitamin A, Calcium, Eisen.

Muskelaufbau-Rezepte vor und nach dem Krafttraining-Wettbewerb

Kalorien: 180	Kalorien: 900
Kalorien von Fetten: 51	Kalorien von Fetten: 253
Fette insgesamt: 5,6g	Fette insgesamt: 28,1g
Gesättigte Fette: 2,9g	Gesättigte Fette: 14,4g
Cholesterol: 30mg	Cholesterol: 151mg
Natrium: 111mg	Natrium: 555mg
Kalium: 179mg	Kalium: 869mg
Kohlenhydrate insgesamt: 20,7g	Kohlenhydrate insgesamt: 104g
Ballaststoffe: 2,5g	Ballaststoffe: 12,4g
Zucker: 6,2g	Zucker: 31,2g
Protein: 12,6g	Protein: 63,2g

3. Zimt-Shake

Zubereitungszeit: 5 Minuten

Portionen: 3

1. Zutaten:

240ml Milch

¼ Esslöffel Zimt (4g)

½ Teelöffel Vanilleextrakt (3g)

2 Esslöffel Vanille-Eiscreme (30g)

2 Esslöffel Hafer (30g)

50g Weizenprotein

2. Zubereitung:

Alle Zutaten in eine Küchenmaschine geben und umrühren, bis die Konsistenz geschmeidig ist.

3. *Nährwertangaben (Menge pro 100g/ganzer Portion):*

Beinhaltet: Vitamin A, Calcium, Eisen.

Muskelaufbau-Rezepte vor und nach dem Krafttraining-Wettbewerb

Kalorien: 131

Kalorien von Fetten: 30

Fette insgesamt: 3,3g

Gesättigte Fette: 1,8g

Cholesterol: 42mg

Natrium: 73mg

Kalium: 158mg

Kohlenhydrate insgesamt: 10,3g

Ballaststoffe: 1g

Zucker: 4,8g

Protein: 15,3g

Kalorien: 342

Kalorien von Fetten: 89

Fette insgesamt: 9,9g

Gesättigte Fette: 5,4g

Cholesterol: 127mg

Natrium: 219mg

Kalium: 474mg

Kohlenhydrate insgesamt: 31g

Ballaststoffe: 3,1g

Zucker: 14,4g

Protein: 45,9g

4. Mandel-Shake

Zubereitungszeit: 5 Minuten

Portionen: 5

1. Zutaten:

220ml Mandelmilch

120g Haferflocken

50g Weizenprotein

80g Rosinen

20g Mandeln (gemahlen)

1 Esslöffel Erdnussbutter (15g)

2. Zubereitung:

Alle Zutaten in eine Küchenmaschine geben und umrühren, bis die Konsistenz geschmeidig ist.

3. Nährwertangaben (Menge pro 100g/ganzer Portion):

Beinhaltet: Vitamin C, Eisen, Calcium.

Kalorien: 241	Kalorien: 1207
Kalorien von Fetten: 61	Kalorien von Fetten: 304
Fette insgesamt: 6,7g	Fette insgesamt: 33,7g
Gesättigte Fette: 1,6g	Gesättigte Fette: 8g
Cholesterol: 24mg	Cholesterol: 122mg
Natrium: 57mg	Natrium: 283mg
Kalium: 339mg	Kalium: 1693mg
Kohlenhydrate insgesamt: 33,8g	Kohlenhydrate insgesamt: 169g
Ballaststoffe: 3,7g	Ballaststoffe: 18,5g
Zucker: 12,5g	Zucker: 62,3g
Protein: 13,9g	Protein: 69,4g

5. Banane & Mandel-Shake

Zubereitungszeit: 5 Minuten

Portionen: 5

1. Zutaten:

2 Bananen
230ml Mandelmilch
20g Mandeln (gemahlen)
10g Pistazien (gemahlen)
40g Weizenprotein

2. Zubereitung:

Alle Zutaten in eine Küchenmaschine geben und umrühren, bis die Konsistenz geschmeidig ist.

3. Nährwertangaben (Menge pro 100g/ganzer Portion):

Beinhaltet: Vitamin A, C, Eisen, Calcium.

Muskelaufbau-Rezepte vor und nach dem Krafttraining-Wettbewerb

Kalorien: 241	Kalorien: 1073
Kalorien von Fetten: 61	Kalorien von Fetten: 659
Fette insgesamt: 6,7g	Fette insgesamt: 73,2g
Gesättigte Fette: 1,6g	Gesättigte Fette: 52,1g
Cholesterol: 24mg	Cholesterol: 83mg
Natrium: 57mg	Natrium: 109mg
Kalium: 339mg	Kalium: 1934mg
Kohlenhydrate insgesamt: 33,8g	Kohlenhydrate insgesamt: 78,7g
Ballaststoffe: 3,7g	Ballaststoffe: 14,8g
Zucker: 12,5g	Zucker: 39,4g
Protein: 13,9g	Protein: 42,8g

6. Waldbeeren-Shake

Zubereitungszeit: 5 Minuten
Portionen: 7

1. Zutaten:

30g Erdbeeren
30g Heidelbeeren
30g Himbeeren
30g Johannisbeeren
500ml Milch
60g Weizenprotein
1 Teelöffel Vanilleextrakt (5g)
1 Teelöffel Zitronenextrakt (5g)

2. Zubereitung:

Alle Zutaten in eine Küchenmaschine geben und umrühren, bis die Konsistenz geschmeidig ist. Du kannst der Mischung auch Eiswürfel beifügen.

3. Nährwertangaben (Menge pro 100g/ganzer Portion):

Beinhaltet: Vitamin A, C, Eisen, Calcium.

Muskelaufbau-Rezepte vor und nach dem Krafttraining-Wettbewerb

Kalorien: 78	Kalorien: 549
Kalorien von Fetten: 19	Kalorien von Fetten: 131
Fette insgesamt: 2,1g	Fette insgesamt: 14,6g
Gesättigte Fette: 1,2g	Gesättigte Fette: 8,1g
Cholesterol: 24mg	Cholesterol: 167mg
Natrium: 50mg	Natrium: 351mg
Kalium: 119mg	Kalium: 832mg
Kohlenhydrate insgesamt: 6,7g	Kohlenhydrate insgesamt: 46,9g
Ballaststoffe: 0,7g	Ballaststoffe: 4,6g
Zucker: 4,7g	Zucker: 33g
Protein: 8,7g	Protein: 61g

7. Erdbeer-Shake

Zubereitungszeit: 5 Minuten
Portionen: 5

1. Zutaten:

30g Erdbeeren
100g Griechischer Joghurt
200ml Milch
40g Weizenprotein
2 Eier
20g Süßungsmittel (Honig/ brauner Zucker)
Eiswürfel
1 Teelöffel Vanilleextrakt (5g)

2. Zubereitung:

Alle Zutaten in eine Küchenmaschine geben und umrühren, bis die Konsistenz geschmeidig ist.

Der Griechische Joghurt kann verschiedene Geschmacksrichtungen besitzen wie Vanille oder Erdbeere oder einfach nur Naturjoghurt. Das Rezept ist für alle Geschmacksrichtungen ausgerichtet.

3. Nährwertangaben (Menge pro 100g/ganzer Portion):

Beinhaltet: Vitamin A, C, Eisen, Calcium.

Muskelaufbau-Rezepte vor und nach dem Krafttraining-Wettbewerb

Kalorien: 96	Kalorien: 508
Kalorien von Fetten: 32	Kalorien von Fetten: 157
Fette insgesamt: 3,5g	Fette insgesamt: 17,4g
Gesättigte Fette: 1,6g	Gesättigte Fette: 8g
Cholesterol: 87mg	Cholesterol: 433mg
Natrium: 65mg	Natrium: 326mg
Kalium: 131mg	Kalium: 656mg
Kohlenhydrate insgesamt: 9,2g	Kohlenhydrate insgesamt: 45,9g
Ballaststoffe: 2,5g	Ballaststoffe: 12,4g
Zucker: 3,4g	Zucker: 17,2g
Protein: 11,3g	Protein: 56,6g

8. Erdbeer-Vanille-Shake

Zubereitungszeit: 5 Minuten

Portionen: 7

1. Zutaten:

100g Erdbeeren

1 Banane

1 Teelöffel Vanilleextrakt (5g)

1 Esslöffel Erdbeerextrakt (15g)

50g Hafer

200ml Milch

5 Eier

Eiswürfel

2. Zubereitung:

Alle Zutaten in eine Küchenmaschine geben und umrühren, bis die Konsistenz geschmeidig ist.

3. Nährwertangaben (Menge pro 100g/ganzer Portion):

Beinhaltet: Vitamin A, C, Eisen, Calcium.

Muskelaufbau-Rezepte vor und nach dem Krafttraining-Wettbewerb

Kalorien: 112	Kalorien: 782
Kalorien von Fetten: 39	Kalorien von Fetten: 271
Fette insgesamt: 4,3g	Fette insgesamt: 30,1g
Gesättigte Fette: 1,4g	Gesättigte Fette: 10,1g
Cholesterol: 119mg	Cholesterol: 835mg
Natrium: 59mg	Natrium: 421mg
Kalium: 170mg	Kalium: 1189mg
Kohlenhydrate insgesamt: 11,7g	Kohlenhydrate insgesamt: 82g
Ballaststoffe: 1,4g	Ballaststoffe: 10,1g
Zucker: 4,6g	Zucker: 32,5g
Protein: 6,1g	Protein: 43g

9. Erdbeer & Nuss-Shake

Zubereitungszeit: 5 Minuten

Portionen: 4

1. Zutaten:

50g Erdbeeren

50g Nüsse-Mischung (gehackt)

200ml Milch

100g Griechischer Joghurt

2 Esslöffel Hafer (30g)

2. Zubereitung:

Alle Zutaten in eine Küchenmaschine geben und umrühren, bis die Konsistenz geschmeidig ist.

3. Nährwertangaben (Menge pro 100g/ganzer Portion):

Beinhaltet: Vitamin A, C, Eisen, Calcium.

Muskelaufbau-Rezepte vor und nach dem Krafttraining-Wettbewerb

Kalorien: 140	Kalorien: 417
Kalorien von Fetten: 81	Kalorien von Fetten: 324
Fette insgesamt: 9g	Fette insgesamt: 36g
Gesättigte Fette: 14g	Gesättigte Fette: 5,4g
Cholesterol: 1mg	Cholesterol: 5mg
Natrium: 80mg	Natrium: 321mg
Kalium: 125mg	Kalium: 499mg
Kohlenhydrate insgesamt: 9,2g	Kohlenhydrate insgesamt: 36,9g
Ballaststoffe: 1,4g	Ballaststoffe: 5,5g
Zucker: 4,3g	Zucker: 17,1g
Protein: 6,9g	Protein: 27,6g

10. Himbeer-Shake

Zubereitungszeit: 5 Minuten
Portionen: 4

1. Zutaten:

50g Weizenprotein
100g Himbeeren
30g Erdbeeren
50g saure Sahne
200ml Milch
1 Teelöffel Limettenextrakt (5g)

2. Zubereitung:

Alle Zutaten in eine Küchenmaschine geben und umrühren, bis die Konsistenz geschmeidig ist.

3. Nährwertangaben (Menge pro 100g/ganzer Portion):

Beinhaltet: Vitamin A, C, B-12, Eisen, Calcium.

Kalorien: 116

Kalorien von Fetten: 41

Fette insgesamt: 4,6g

Gesättigte Fette: 2,6g

Cholesterol: 36mg

Natrium: 54mg

Kalium: 168mg

Kohlenhydrate insgesamt: 8,1g

Ballaststoffe: 1,8g

Zucker: 4,2g

Protein: 11,4g

Kalorien: 465

Kalorien von Fetten: 166

Fette insgesamt: 18,4g

Gesättigte Fette: 10,6g

Cholesterol: 143mg

Natrium: 214mg

Kalium: 670mg

Kohlenhydrate insgesamt: 32,5g

Ballaststoffe: 7,1g

Zucker: 16.8g

Protein: 45,5g

11. Heidelbeer-Shake

Zubereitungszeit: 5 Minuten

Portionen: 6

1. Zutaten:

250g Heidelbeeren

50g saure Sahne

80g Hafer

100ml Kokosmilch

160g Kürbispüree

Zimt, Muskat zum Verzieren

2. Zubereitung:

Alle Zutaten in eine Küchenmaschine geben und umrühren, bis die Konsistenz geschmeidig ist.

3. Nährwertangaben (Menge pro 100g/ganzer Portion):

Beinhaltet: Vitamin A, C, Eisen, Calcium.

Muskelaufbau-Rezepte vor und nach dem Krafttraining-Wettbewerb

Kalorien: 140	Kalorien: 641
Kalorien von Fetten: 62	Kalorien von Fetten: 371
Fette insgesamt: 6,9g	Fette insgesamt: 41,2g
Gesättigte Fette: 4,8g	Gesättigte Fette: 29,1g
Cholesterol: 4mg	Cholesterol: 22mg
Natrium: 9mg	Natrium: 56mg
Kalium: 192mg	Kalium: 1150mg
Kohlenhydrate insgesamt: 18,5g	Kohlenhydrate insgesamt: 112g
Ballaststoffe: 3,5g	Ballaststoffe: 21g
Zucker: 5,7g	Zucker: 34,4g
Protein: 3g	Protein: 18,1g

12. Erdnussbutter-Shake

Zubereitungszeit: 5 Minuten

Portionen: 6

1. Zutaten:

300ml Mandelmilch

50g Erdnussbutter

50g Nüsse-Mischung

6 Eiweiß

1 Teelöffel Butterextrakt (5g)

2. Zubereitung:

Alle Zutaten in eine Küchenmaschine geben und umrühren, bis die Konsistenz geschmeidig ist.

3. Nährwertangaben (Menge pro 100g/ganzer Portion):

Beinhaltet: Vitamin C, Eisen, Calcium.

Muskelaufbau-Rezepte vor und nach dem Krafttraining-Wettbewerb

Kalorien: 236	Kalorien: 1415
Kalorien von Fetten: 191	Kalorien von Fetten: 1148
Fette insgesamt: 21,3g	Fette insgesamt: 127,6g
Gesättigte Fette: 12,2g	Gesättigte Fette: 73,1g
Cholesterol: 0mg	Cholesterol: 0mg
Natrium: 109mg	Natrium: 656mg
Kalium: 241mg	Kalium: 1448mg
Kohlenhydrate insgesamt: 6,2g	Kohlenhydrate insgesamt: 37,2g
Ballaststoffe: 2g	Ballaststoffe: 11,9g
Zucker: 3,1g	Zucker: 18,5g
Protein: 8,3g	Protein: 50,2g

13. Erdnussbutter & Banane-Shake

Zubereitungszeit: 5 Minuten

Portionen: 7

1. Zutaten:

250ml Mandelmilch

2 Bananen

30g Erdnussbutter

5 Eier

2 Teelöffel Honig (10g)

1 Teelöffel Vanilleextrakt (5g)

2. Zubereitung:

Alle Zutaten in eine Küchenmaschine geben und umrühren, bis die Konsistenz geschmeidig ist.

3. Nährwertangaben (Menge pro 100g/ganzer Portion):

Beinhaltet: Vitamin A, C, Eisen, Calcium.

Kalorien: 191	Kalorien: 1339
Kalorien von Fetten: 126	Kalorien von Fetten: 884
Fette insgesamt: 14g	Fette insgesamt: 98,2g
Gesättigte Fette: 9,1g	Gesättigte Fette: 63,9g
Cholesterol: 117mg	Cholesterol: 818mg
Natrium: 70mg	Natrium: 487mg
Kalium: 288mg	Kalium: 2015mg
Kohlenhydrate insgesamt: 12,.5g	Kohlenhydrate insgesamt: 87,6g
Ballaststoffe: 1,9g	Ballaststoffe: 13,5g
Zucker: 7,7g	Zucker: 53,9g
Protein: 6,2g	Protein: 43,6g

14. Erdnussbutter & Schokolade-Shake

Zubereitungszeit: 5 Minuten
Portionen: 3

1. Zutaten:

2 Esslöffel Kakaopulver (30g)
30g Erdnussbutter
250ml Mandelmilch
50g Weizenprotein

2. Zubereitung:

Alle Zutaten in eine Küchenmaschine geben und umrühren, bis die Konsistenz geschmeidig ist.

3. Nährwertangaben (Menge pro 100g/ganzer Portion):

Beinhaltet: Vitamin C, Eisen, Calcium.

Muskelaufbau-Rezepte vor und nach dem Krafttraining-Wettbewerb

Kalorien: 326	Kalorien: 977
Kalorien von Fetten: 240	Kalorien von Fetten: 719
Fette insgesamt: 26,6g	Fette insgesamt: 79,9g
Gesättigte Fette: 19,7g	Gesättigte Fette: 59,1g
Cholesterol: 35mg	Cholesterol: 104mg
Natrium: 89mg	Natrium: 267mg
Kalium: 472mg	Kalium: 1415mg
Kohlenhydrate insgesamt: 10,6g	Kohlenhydrate insgesamt: 31,8g
Ballaststoffe: 3,5g	Ballaststoffe: 10.6g
Zucker: 4,3g	Zucker: 13g
Protein: 17g	Protein: 51g

15. Schokolade-Shake

Zubereitungszeit: 5 Minuten
Portionen: 6

1. Zutaten:

3 Esslöffel Kakaopulver (45g)
250ml Milch
120ml Kürbispüree
1 Teelöffel Vanilleextrakt (5g)
5 Eier

2. Zubereitung:

Alle Zutaten in eine Küchenmaschine geben und umrühren, bis die Konsistenz geschmeidig ist.

3. Nährwertangaben (Menge pro 100g/ganzer Portion):

Beinhaltet: Vitamin A, C, Eisen, Calcium

Muskelaufbau-Rezepte vor und nach dem Krafttraining-Wettbewerb

Kalorien: 89	Kalorien: 534
Kalorien von Fetten: 44	Kalorien von Fetten: 267
Fette insgesamt: 4.9g	Fette insgesamt: 29,6g
Gesättigte Fette: 1.9g	Gesättigte Fette: 11,4g
Cholesterol: 140mg	Cholesterol: 840mg
Natrium: 73mg	Natrium: 439mg
Kalium: 185mg	Kalium: 1112mg
Kohlenhydrate insgesamt: 5.6g	Kohlenhydrate insgesamt: 33,8g
Ballaststoffe: 1.4g	Ballaststoffe: 8,4g
Zucker: 3g	Zucker: 18,2g
Protein: 6,7g	Protein: 40,4g

16. Schokolade & Mandel-Shake

Zubereitungszeit: 5 Minuten

Portionen: 5

1. Zutaten:

2 Esslöffel Schokoladenpudding (30g)
50g Mandel (gehackt)
300ml Milch
40g Weizenprotein
1 Teelöffel Amarettosirup (5g)

2. Zubereitung:

Alle Zutaten in eine Küchenmaschine geben und umrühren, bis die Konsistenz geschmeidig ist.

3. Nährwertangaben (Menge pro 100g/ganzer Portion):

Beinhaltet: Vitamin A, Eisen, Calcium.

Muskelaufbau-Rezepte vor und nach dem Krafttraining-Wettbewerb

Kalorien: 131	Kalorien: 656
Kalorien von Fetten: 61	Kalorien von Fetten: 303
Fette insgesamt: 6,8g	Fette insgesamt: 33,7g
Gesättigte Fette: 1,4g	Gesättigte Fette: 6,9g
Cholesterol: 22mg	Cholesterol: 109mg
Natrium: 70mg	Natrium: 351mg
Kalium: 154mg	Kalium: 770mg
Kohlenhydrate insgesamt: 9g	Kohlenhydrate insgesamt: 45,2g
Ballaststoffe: 1,3g	Ballaststoffe: 6,5g
Zucker: 3,5g	Zucker: 17,2g
Protein: 9,9g	Protein: 49,3g

17. Karamell & Haselnuss-Shake

Zubereitungszeit: 5 Minuten

Portionen: 4

1. Zutaten:

50g Haselnüsse (gehackt)
1 Teelöffel Karamellsirup (5g)
1 Teelöffel Ahornsirup (5g)
250ml Mandelmilch
50g Weizenprotein

2. Zubereitung:

Alle Zutaten in eine Küchenmaschine geben und umrühren, bis die Konsistenz geschmeidig ist.

3. Nährwertangaben (Menge pro 100g/ganzer Portion):

Beinhaltet: Vitamin C, Eisen, Calcium.

Muskelaufbau-Rezepte vor und nach dem Krafttraining-Wettbewerb

Kalorien: 307	Kalorien: 1228
Kalorien von Fetten: 211	Kalorien von Fetten: 844
Fette insgesamt: 23,4g	Fette insgesamt: 93,8g
Gesättigte Fette: 14,3g	Gesättigte Fette: 57,3g
Cholesterol: 26mg	Cholesterol: 104mg
Natrium: 37mg	Natrium: 148mg
Kalium: 326mg	Kalium: 1303mg
Kohlenhydrate insgesamt: 15,5g	Kohlenhydrate insgesamt: 61,8g
Ballaststoffe: 2.6g	Ballaststoffe: 10,4g
Zucker: 11g	Zucker: 44,1g
Protein: 12,2g	Protein: 49g

18. Pflaume-Shake

Zubereitungszeit: 5 Minuten

Portionen: 8

1. Zutaten:

200g Pflaumen

50g Rosinen

200ml Milch

4 Eier

100g Quark

70g Hafer

2. Zubereitung:

Alle Zutaten in eine Küchenmaschine geben und umrühren, bis die Konsistenz geschmeidig ist.

3. Nährwertangaben (Menge pro 100g/ganzer Portion):

Beinhaltet: Vitamin A, C, Eisen, Calcium.

Kalorien: 122	Kalorien: 975
Kalorien von Fetten: 43	Kalorien von Fetten: 340
Fette insgesamt: 4,7g	Fette insgesamt: 37.8g
Gesättigte Fette: 1,8g	Gesättigte Fette: 14,3g
Cholesterol: 87mg	Cholesterol: 699mg
Natrium: 62mg	Natrium: 499mg
Kalium: 149mg	Kalium: 1190mg
Kohlenhydrate insgesamt: 14,7g	Kohlenhydrate insgesamt: 117g
Ballaststoffe: 1,3g	Ballaststoffe: 10,7g
Zucker: 7,2g	Zucker: 57,7g
Protein: 6,2g	Protein: 49,7g

19. Tropen-Shake

Zubereitungszeit: 5 Minuten

Portionen: 5

1. Zutaten:

1 Banane

150g Ananas

40g Mango

200ml Kokosmilch

1 Teelöffel Honig (5g)

50g Weizenprotein

2. Zubereitung:

Alle Zutaten in eine Küchenmaschine geben und umrühren, bis die Konsistenz geschmeidig ist.

3. *Nährwertangaben (Menge pro 100g/ganzer Portion):*

Beinhaltet: Vitamin A, C, Eisen, Calcium.

Muskelaufbau-Rezepte vor und nach dem Krafttraining-Wettbewerb

Kalorien: 178	Kalorien: 889
Kalorien von Fetten: 94	Kalorien von Fetten: 468
Fette insgesamt: 10,4g	Fette insgesamt: 52g
Gesättigte Fette: 8,9g	Gesättigte Fette: 44,6g
Cholesterol: 21mg	Cholesterol: 104mg
Natrium: 25mg	Natrium: 124mg
Kalium: 294mg	Kalium: 1468mg
Kohlenhydrate insgesamt: 15,3g	Kohlenhydrate insgesamt: 76,4g
Ballaststoffe: 2,1g	Ballaststoffe: 10,3g
Zucker: 9,9g	Zucker: 49,2g
Protein: 8,5g	Protein: 42,7g

20. Pfirsich-Shake

Zubereitungszeit: 5 Minuten

Portionen: 8

1. Zutaten:

6 Pfirsiche

300ml Milch

140g Mandarinen

30g Hafer

4 Eier

2. Zubereitung:

Alle Zutaten in eine Küchenmaschine geben und umrühren, bis die Konsistenz geschmeidig ist.

3. Nährwertangaben (Menge pro 100g/ganzer Portion):

Beinhaltet: Vitamin A, C, Eisen, Calcium.

Muskelaufbau-Rezepte vor und nach dem Krafttraining-Wettbewerb

Kalorien: 70	Kalorien: 839
Kalorien von Fetten: 20	Kalorien von Fetten: 245
Fette insgesamt: 2,3g	Fette insgesamt: 27,3g
Gesättigte Fette: 0,3g	Gesättigte Fette: 9,7g
Cholesterol: 57mg	Cholesterol: 680mg
Natrium: 34mg	Natrium: 405mg
Kalium: 137mg	Kalium: 1639mg
Kohlenhydrate insgesamt: 9,5g	Kohlenhydrate insgesamt: 115g
Ballaststoffe: 1g	Ballaststoffe: 12,4g
Zucker: 7,2g	Zucker: 86,2g
Protein: 3.5g	Protein: 41,6g

21. Pflaume & Zitrone-Shake

Zubereitungszeit: 5 Minuten
Portionen: 6

1. Zutaten:

150g Pflaumen
2 Zitronen (Saft)
2 Teelöffel Honig (10g)
200ml Milch
Eiswürfel
150g Griechischer Joghurt
4 Eier

2. Zubereitung:

Alle Zutaten in eine Küchenmaschine geben und umrühren, bis die Konsistenz geschmeidig ist.

3. Nährwertangaben (Menge pro 100g/ganzer Portion):

Beinhaltet: Vitamin A, C, Eisen, Calcium.

Muskelaufbau-Rezepte vor und nach dem Krafttraining-Wettbewerb

Kalorien: 74	Kalorien: 589
Kalorien von Fetten: 29	Kalorien von Fetten: 228
Fette insgesamt: 3,2g	Fette insgesamt: 25,3g
Gesättigte Fette: 1,3g	Gesättigte Fette: 10,3g
Cholesterol: 85mg	Cholesterol: 679mg
Natrium: 50mg	Natrium: 397mg
Kalium: 111mg	Kalium: 890mg
Kohlenhydrate insgesamt: 6,4g	Kohlenhydrate insgesamt: 51,2g
Ballaststoffe: 0,6g	Ballaststoffe: 4,6g
Zucker: 5,1g	Zucker: 40,9g
Protein: 5,8g	Protein: 45,9g

22. Ananas-Shake

Zubereitungszeit: 5 Minuten

Portionen: 6

1. Zutaten:

300g Ananas
200ml Mandelmilch
30g Himbeeren
30g Hafer
1 Limette (Saft)
40g Weizenprotein

2. Zubereitung:

Alle Zutaten in eine Küchenmaschine geben und umrühren, bis die Konsistenz geschmeidig ist.

3. Nährwertangaben (Menge pro 100g/ganzer Portion):

Beinhaltet: Vitamin A, C, Eisen, Calcium.

Muskelaufbau-Rezepte vor und nach dem Krafttraining-Wettbewerb

Kalorien: 153	Kalorien: 920
Kalorien von Fetten: 80	Kalorien von Fetten: 481
Fette insgesamt: 8,9g	Fette insgesamt: 53,4g
Gesättigte Fette: 7,4g	Gesättigte Fette: 44,5g
Cholesterol: 14mg	Cholesterol: 83mg
Natrium: 18mg	Natrium: 109mg
Kalium: 218mg	Kalium: 1309mg
Kohlenhydrate insgesamt: 14,4g	Kohlenhydrate insgesamt: 86,3g
Ballaststoffe: 2,6g	Ballaststoffe: 15,5g
Zucker: 6,7g	Zucker: 40,3g
Protein: 6,6g	Protein: 39,6g

23. Orange-Shake

Zubereitungszeit: 5 Minuten

Portionen: 8

1. Zutaten:

5 Orangen

10 Eier

2 Esslöffel Honig

2. Zubereitung:

Alle Zutaten in eine Küchenmaschine geben und umrühren, bis die Konsistenz geschmeidig ist.

3. Nährwertangaben (Menge pro 100g/ganzer Portion):

Beinhaltet: Vitamin A, C, Eisen, Calcium.

Muskelaufbau-Rezepte vor und nach dem Krafttraining-Wettbewerb

Kalorien: 85

Kalorien von Fetten: 29

Fette insgesamt: 3,2g

Gesättigte Fette: 1g

Cholesterol: 117mg

Natrium: 44mg

Kalium: 163mg

Kohlenhydrate insgesamt: 10,4g

Ballaststoffe: 1,6g

Zucker: 8,8g

Protein: 4,6g

Kalorien: 1189

Kalorien von Fetten: 404

Fette insgesamt: 44,8g

Gesättigte Fette: 13.8g

Cholesterol: 1637mg

Natrium: 618mg

Kalium: 2277mg

Kohlenhydrate insgesamt: 146g

Ballaststoffe: 22,2g

Zucker: 123,9g

Protein: 64,1g

24. Pina-Colada-Shake

Zubereitungszeit: 5 Minuten

Portionen: 8

1. Zutaten:

200g Ananas

200g Kokosmilch

50g Hafer

300ml Milch

4 Eier

2. Zubereitung:

Alle Zutaten in eine Küchenmaschine geben und umrühren, bis die Konsistenz geschmeidig ist.

3. Nährwertangaben (Menge pro 100g/ganzer Portion):

Beinhaltet: Vitamin A, C, Eisen, Calcium.

Muskelaufbau-Rezepte vor und nach dem Krafttraining-Wettbewerb

Kalorien: 128	Kalorien: 1155
Kalorien von Fetten: 75	Kalorien von Fetten: 675
Fette insgesamt: 8,3g	Fette insgesamt: 75g
Gesättigte Fette: 5,8g	Gesättigte Fette: 52,1g
Cholesterol: 76mg	Cholesterol: 680mg
Natrium: 48mg	Natrium: 428mg
Kalium: 149mg	Kalium: 1339mg
Kohlenhydrate insgesamt: 9,8g	Kohlenhydrate insgesamt: 87,8g
Ballaststoffe: 1,1g	Ballaststoffe: 12,2g
Zucker: 4,7g	Zucker: 42,2g
Protein: 4,9g	Protein: 44,5g

25. Apfel-Shake

Zubereitungszeit: 5 Minuten
Portionen: 3

1. Zutaten:

350g Äpfel
1 Teelöffel Zimt
200ml Mandelmilch
2 Teelöffel Vanilleextrakt
40g Weizenprotein

2. Zubereitung:

Alle Zutaten in eine Küchenmaschine geben und umrühren, bis die Konsistenz geschmeidig ist.

3. Nährwertangaben (Menge pro 100g/ganzer Portion):

Beinhaltet: Vitamin C, Eisen, Calcium.

Muskelaufbau-Rezepte vor und nach dem Krafttraining-Wettbewerb

Kalorien: 139	Kalorien: 833
Kalorien von Fetten: 77	Kalorien von Fetten: 463
Fette insgesamt: 8.6g	Fette insgesamt: 51,4g
Gesättigte Fette: 7,4g	Gesättigte Fette: 44,1g
Cholesterol: 14mg	Cholesterol: 83mg
Natrium: 18mg	Natrium: 106mg
Kalium: 193mg	Kalium: 1157mg
Kohlenhydrate insgesamt: 11,2g	Kohlenhydrate insgesamt: 67,3g
Ballaststoffe: 2,3g	Ballaststoffe: 14,2g
Zucker: 7,6g	Zucker: 45,5g
Protein: 5,7g	Protein: 34,3g

26. Eier-Shake

Zubereitungszeit: 5 Minuten
Portionen: 8

1. Zutaten:

10 Eier
300ml Milch
100g Griechischer Joghurt
2 Esslöffel Honig (30g)
50g Hafer

2. Zubereitung:

Alle Zutaten in eine Küchenmaschine geben und umrühren, bis die Konsistenz geschmeidig ist.

3. Nährwertangaben (Menge pro 100g/ganzer Portion):

Beinhaltet: Vitamin A, Eisen, Calcium.

Muskelaufbau-Rezepte vor und nach dem Krafttraining-Wettbewerb

Kalorien: 131	Kalorien: 1176
Kalorien von Fetten: 55	Kalorien von Fetten: 498
Fette insgesamt: 6,1g	Fette insgesamt: 55,3g
Gesättigte Fette: 2,2g	Gesättigte Fette: 19,5g
Cholesterol: 185mg	Cholesterol: 1667mg
Natrium: 89mg	Natrium: 799mg
Kalium: 123mg	Kalium: 1111mg
Kohlenhydrate insgesamt: 10,1g	Kohlenhydrate insgesamt: 91,1g
Ballaststoffe: 0,6g	Ballaststoffe: 5,1g
Zucker: 6,3g	Zucker: 56,3g
Protein: 9,1g	Protein: 82,2g

27. Kürbis-Shake

Zubereitungszeit: 5 Minuten

Portionen: 6

1. Zutaten:

300g Kürbis

300g Himbeeren

50g saure Sahne

200ml Mandelmilch

40g Weizenprotein

2. Zubereitung:

Alle Zutaten in eine Küchenmaschine geben und umrühren, bis die Konsistenz geschmeidig ist.

3. Nährwertangaben (Menge pro 100g/ganzer Portion):

Beinhaltet: Vitamin A, C, Eisen, Calcium.

Muskelaufbau-Rezepte vor und nach dem Krafttraining-Wettbewerb

Kalorien: 123	Kalorien: 986
Kalorien von Fetten: 72	Kalorien von Fetten: 576
Fette insgesamt: 8g	Fette insgesamt: 64g
Gesättigte Fette: 6,4g	Gesättigte Fette: 51,1g
Cholesterol: 13mg	Cholesterol: 105mg
Natrium: 18mg	Natrium: 146mg
Kalium: 238mg	Kalium: 1903mg
Kohlenhydrate insgesamt: 9,8g	Kohlenhydrate insgesamt: 78,2g
Ballaststoffe: 4,1g	Ballaststoffe: 32,7g
Zucker: 3,9g	Zucker: 31,2g
Protein: 5.2g	Protein: 41,7g

28. Rote-Beete-Shake

Zubereitungszeit: 5 Minuten

Portionen: 6

1. Zutaten:

300g Rote Beete

50g Petersilie

80g Heidelbeeren

200ml Milch

60g Weizenprotein

2. Zubereitung:

Alle Zutaten in eine Küchenmaschine geben und umrühren, bis die Konsistenz geschmeidig ist.

3. Nährwertangaben (Menge pro 100g/ganzer Portion):

Beinhaltet: Vitamin A, C, Eisen, Calcium.

Muskelaufbau-Rezepte vor und nach dem Krafttraining-Wettbewerb

Kalorien: 89	Kalorien: 531
Kalorien von Fetten: 14	Kalorien von Fetten: 81
Fette insgesamt: 1,5g	Fette insgesamt: 9g
Gesättigte Fette: 0,7g	Gesättigte Fette: 4,5g
Cholesterol: 24mg	Cholesterol: 142mg
Natrium: 77mg	Natrium: 464mg
Kalium: 285mg	Kalium: 1711mg
Kohlenhydrate insgesamt: 10,3g	Kohlenhydrate insgesamt: 61,9g
Ballaststoffe: 1,6g	Ballaststoffe: 9,6g
Zucker: 7,2g	Zucker: 43,3g
Protein: 9,5g	Protein: 56,8g

29. Kokosnuss-Shake

Zubereitungszeit: 5 Minuten

Portionen: 5

1. Zutaten:

100ml Kokosmilch

200ml Milch

100g Griechischer Joghurt

50g Weizenprotein

1 Teelöffel Kokosnussextrakt

30g Kokosraspeln

2. Zubereitung:

Alle Zutaten in eine Küchenmaschine geben und umrühren, bis die Konsistenz geschmeidig ist.

3. Nährwertangaben (Menge pro 100g/ganzer Portion):

Beinhaltet: Vitamin A, C, Eisen, Calcium.

Muskelaufbau-Rezepte vor und nach dem Krafttraining-Wettbewerb

Kalorien: 145	Kalorien: 723
Kalorien von Fetten: 78	Kalorien von Fetten: 391
Fette insgesamt: 8,7g	Fette insgesamt: 43,4g
Gesättigte Fette: 7,2g	Gesättigte Fette: 35,9g
Cholesterol: 25mg	Cholesterol: 126mg
Natrium: 48mg	Natrium: 241mg
Kalium: 184mg	Kalium: 922mg
Kohlenhydrate insgesamt: 6,2g	Kohlenhydrate insgesamt: 3,8g
Ballaststoffe: 1g	Ballaststoffe: 4,9g
Zucker: 4,1g	Zucker: 20,6g
Protein: 11,1g	Protein: 55,8g

30. Mango-Shake

Zubereitungszeit: 5 Minuten

Portionen: 8

1. Zutaten:

3 Mango

1 Banane

50g Erdbeeren

300ml Milch

1 Limettensaft

6 Eier

2. Zubereitung:

Alle Zutaten in eine Küchenmaschine geben und umrühren, bis die Konsistenz geschmeidig ist.

3. Nährwertangaben (Menge pro 100g/ganzer Portion):

Beinhaltet: Vitamin A, C, Eisen, Calcium.

Muskelaufbau-Rezepte vor und nach dem Krafttraining-Wettbewerb

Kalorien: 87	Kalorien: 874
Kalorien von Fetten: 31	Kalorien von Fetten: 306
Fette insgesamt: 3,4g	Fette insgesamt: 34g
Gesättigte Fette: 1,2g	Gesättigte Fette: 12,3g
Cholesterol: 101mg	Cholesterol: 1007mg
Natrium: 52mg	Natrium: 524mg
Kalium: 155mg	Kalium: 1549mg
Kohlenhydrate insgesamt: 10,3g	Kohlenhydrate insgesamt: 103g
Ballaststoffe: 1g	Ballaststoffe: 9,7g
Zucker: 7,8g	Zucker: 78,5g
Protein: 4,7g	Protein: 46,7g

31. Wassermelonen-Shake

Zubereitungszeit: 5 Minuten

Portionen: 6

1. Zutaten:

300g Wassermelone

200g Cantaloupe-Melone

200ml Wasser

1 Teelöffel Vanilleextrakt

50g saure Sahne

50g Weizenprotein

2. Zubereitung:

Alle Zutaten in eine Küchenmaschine geben und umrühren, bis die Konsistenz geschmeidig ist.

3. Nährwertangaben (Menge pro 100g/ganzer Portion):

Beinhaltet: Vitamin A, C, Eisen, Calcium.

Kalorien: 59	Kalorien: 471
Kalorien von Fetten: 16	Kalorien von Fetten: 128
Fette insgesamt: 1,8g	Fette insgesamt: 14,2g
Gesättigte Fette: 1g	Gesättigte Fette: 8,3g
Cholesterol: 16mg	Cholesterol: 126mg
Natrium: 20mg	Natrium: 158mg
Kalium: 154mg	Kalium: 1230mg
Kohlenhydrate insgesamt: 5,9g	Kohlenhydrate insgesamt: 47,5g
Ballaststoffe: 0g	Ballaststoffe: 3g
Zucker: 4,5g	Zucker: 36,2g
Protein: 5,1g	Protein: 40,7g

32. Griechischer Joghurt Shake

Zubereitungszeit: 5 Minuten
Portionen: 6

1. Zutaten:

300g Griechischer Joghurt
100g Kokosmilch
2 Esslöffel Honig (30g)
40g Rosinen
200ml Mandelmilch

2. Zubereitung:

Alle Zutaten in eine Küchenmaschine geben und umrühren, bis die Konsistenz geschmeidig ist.

3. Nährwertangaben (Menge pro 100g/ganzer Portion):

Beinhaltet: Vitamin A, C, Eisen, Calcium.

Muskelaufbau-Rezepte vor und nach dem Krafttraining-Wettbewerb

Kalorien: 167	Kalorien: 1169
Kalorien von Fetten: 101	Kalorien von Fetten: 706
Fette insgesamt: 11,2g	Fette insgesamt: 78,4g
Gesättigte Fette: 9,8g	Gesättigte Fette: 68,5g
Cholesterol: 2mg	Cholesterol: 15mg
Natrium: 21mg	Natrium: 149mg
Kalium: 220mg	Kalium: 1541mg
Kohlenhydrate insgesamt: 13,6g	Kohlenhydrate insgesamt: 95,1g
Ballaststoffe: 1,2g	Ballaststoffe: 8,2g
Zucker: 11,5g	Zucker: 80,3g
Protein: 5,5g	Protein: 38,3g

33. Kaffee & Banane Shake

Zubereitungszeit: 5 Minuten

Portionen: 6

1. Zutaten:

25g Kaffee (gemahlen)
2 Bananen
150ml Mandelmilch
20g Erdnussbutter
100ml Wasser
5 Eier

2. Zubereitung:

Alle Zutaten in eine Küchenmaschine geben und umrühren, bis die Konsistenz geschmeidig ist.

3. *Nährwertangaben (Menge pro 100g/ganzer Portion):*

Beinhaltet: Vitamin A, C, Eisen, Calcium.

Muskelaufbau-Rezepte vor und nach dem Krafttraining-Wettbewerb

Kalorien: 142	Kalorien: 992
Kalorien von Fetten: 89	Kalorien von Fetten: 621
Fette insgesamt: 9,9g	Fette insgesamt: 69g
Gesättigte Fette: 5,9g	Gesättigte Fette: 41,4g
Cholesterol: 117mg	Cholesterol: 818mg
Natrium: 61mg	Natrium: 429mg
Kalium: 240mg	Kalium: 1683mg
Kohlenhydrate insgesamt: 9,7g	Kohlenhydrate insgesamt: 68g
Ballaststoffe: 1,5g	Ballaststoffe: 10,7g
Zucker: 5,4g	Zucker: 37,5g
Protein: 5,5g	Protein: 38,8g

34. Spinat-Shake

Zubereitungszeit: 5 Minuten

Portionen: 7

1. Zutaten:

200g Spinat

50g Petersilie

70g Himbeeren

200ml Milch

100ml Wasser

50g saure Sahne

50g Weizenprotein

2. Zubereitung:

Alle Zutaten in eine Küchenmaschine geben und umrühren, bis die Konsistenz geschmeidig ist.

3. Nährwertangaben (Menge pro 100g/ganzer Portion):

Beinhaltet: Vitamin A, C, Eisen, Calcium.

Muskelaufbau-Rezepte vor und nach dem Krafttraining-Wettbewerb

Kalorien: 72	Kalorien: 504
Kalorien von Fetten: 25	Kalorien von Fetten: 174
Fette insgesamt: 2,8g	Fette insgesamt: 19,3g
Gesättigte Fette: 1,5g	Gesättigte Fette: 10,8g
Cholesterol: 20mg	Cholesterol: 143mg
Natrium: 58mg	Natrium: 403mg
Kalium: 282mg	Kalium: 1973mg
Kohlenhydrate insgesamt: 5,3g	Kohlenhydrate insgesamt: 37g
Ballaststoffe: 1,5g	Ballaststoffe: 10,6g
Zucker: 2,2g	Zucker: 15,2g
Protein: 7,4g	Protein: 52,1g

35. Chia-Shake

Zubereitungszeit: 5 Minuten

Portionen: 5

1. Zutaten:

100g Chia-Samen

200ml Mandelmilch

50 saure Sahne

50g Petersilie

100ml Wasser

40g Weizenprotein

2. Zubereitung:

Alle Zutaten in eine Küchenmaschine geben und umrühren, bis die Konsistenz geschmeidig ist.

3. Nährwertangaben (Menge pro 100g/ganzer Portion):

Beinhaltet: Vitamin A, C, Eisen, Calcium.

Muskelaufbau-Rezepte vor und nach dem Krafttraining-Wettbewerb

Kalorien: 174	Kalorien: 872
Kalorien von Fetten: 123	Kalorien von Fetten: 615
Fette insgesamt: 13,7g	Fette insgesamt: 68,3g
Gesättigte Fette: 10g	Gesättigte Fette: 50,1g
Cholesterol: 20mg	Cholesterol: 99mg
Natrium: 30mg	Natrium: 152mg
Kalium: 260mg	Kalium: 1300mg
Kohlenhydrate insgesamt: 6,2g	Kohlenhydrate insgesamt: 31,2g
Ballaststoffe: 3,3g	Ballaststoffe: 16,5g
Zucker: 1,7g	Zucker: 8,5g
Protein: 8,4g	Protein: 42,1g

36. Papaya-Shake

Zubereitungszeit: 5 Minuten
Portionen: 6

1. Zutaten:

3 Papayas
50g Hafer
300ml Milch
1 Teelöffel Vanilleextrakt
50g Weizenprotein

2. Zubereitung:

Alle Zutaten in eine Küchenmaschine geben und umrühren, bis die Konsistenz geschmeidig ist.

3. Nährwertangaben (Menge pro 100g/ganzer Portion):

Beinhaltet: Vitamin A, C, Eisen, Calcium.

Muskelaufbau-Rezepte vor und nach dem Krafttraining-Wettbewerb

Kalorien: 95	Kalorien: 760
Kalorien von Fetten: 14	Kalorien von Fetten: 113
Fette insgesamt: 1,6g	Fette insgesamt: 12,6g
Gesättigte Fette: 0,7g	Gesättigte Fette: 5,9g
Cholesterol: 16mg	Cholesterol: 130mg
Natrium: 34mg	Natrium: 268mg
Kalium: 81mg	Kalium: 648mg
Kohlenhydrate insgesamt: 14,1g	Kohlenhydrate insgesamt: 113g
Ballaststoffe: 1,4g	Ballaststoffe: 11,1g
Zucker: 5,4g	Zucker: 43,5g
Protein: 6,5g	Protein: 52,4g

37. Vanille & Avocado-Shake

Zubereitungszeit: 5 Minuten

Portionen: 8

1. Zutaten:

3 Avocados
20g Vanillezucker
150ml Milch
200ml Wasser
1 Teelöffel Vanilleextrakt
40g Weizenprotein (Vanille)

2. Zubereitung:

Alle Zutaten in eine Küchenmaschine geben und umrühren, bis die Konsistenz geschmeidig ist.

3. Nährwertangaben (Menge pro 100g/ganzer Portion):

Beinhaltet: Vitamin A, C, Eisen, Calcium.

Kalorien: 155	Kalorien: 1549
Kalorien von Fetten: 111	Kalorien von Fetten: 1108
Fette insgesamt: 12,3g	Fette insgesamt: 123,1g
Gesättigte Fette: 2,8g	Gesättigte Fette: 27,8g
Cholesterol: 10mg	Cholesterol: 96mg
Natrium: 19mg	Natrium: 187mg
Kalium: 325mg	Kalium: 3248mg
Kohlenhydrate insgesamt: 8,5g	Kohlenhydrate insgesamt: 84,8g
Ballaststoffe: 4g	Ballaststoffe: 40,4g
Zucker: 3,2g	Zucker: 31,7g
Protein: 4,5g	Protein: 45,1g

38. Kirsche & Mandel-Shake

Zubereitungszeit: 5 Minuten

Portionen: 8

1. Zutaten:

300g Kirschen

100g Mandelmilch

6 Eier

30g Mandeln (gehackt)

75g saure Sahne

200g Milch

1 Esslöffel Vanilleextrakt

2. Zubereitung:

Alle Zutaten in eine Küchenmaschine geben und umrühren, bis die Konsistenz geschmeidig ist.

3. Nährwertangaben (Menge pro 100g/ganzer Portion):

Beinhaltet: Vitamin A, C, Eisen, Calcium.

Muskelaufbau-Rezepte vor und nach dem Krafttraining-Wettbewerb

Kalorien: 158	Kalorien: 1424
Kalorien von Fetten: 85	Kalorien von Fetten: 766
Fette insgesamt: 9,5g	Fette insgesamt: 85,1g
Gesättigte Fette: 4,8g	Gesättigte Fette: 42,8g
Cholesterol: 115mg	Cholesterol: 1031mg
Natrium: 64mg	Natrium: 574mg
Kalium: 155mg	Kalium: 1394mg
Kohlenhydrate insgesamt: 12,5g	Kohlenhydrate insgesamt: 113g
Ballaststoffe: 0,9g	Ballaststoffe: 7,8g
Zucker: 1,9g	Zucker: 17,4g
Protein: 5,8g	Protein: 51,9g

39. Karotten-Shake

Zubereitungszeit: 5 Minuten
Portionen: 8

1. Zutaten:

300g Karotten
200g Erdbeeren
30g Petersilie
200ml Milch
50g Kokosmilch
30g Hafer
5 Eier

2. Zubereitung:

Alle Zutaten in eine Küchenmaschine geben und umrühren, bis die Konsistenz geschmeidig ist.

3. Nährwertangaben (Menge pro 100g/ganzer Portion):

Beinhaltet: Vitamin A, C, Eisen, Calcium.

Kalorien: 84   Kalorien: 844

Kalorien von Fetten: 37   Kalorien von Fetten: 367

Fette insgesamt: 4,1g   Fette insgesamt: 40,8g

Gesättigte Fette: 2g   Gesättigte Fette: 20,3g

Cholesterol: 84mg   Cholesterol: 835mg

Natrium: 64mg   Natrium: 640mg

Kalium: 208mg   Kalium: 2085mg

Kohlenhydrate insgesamt: 8,2g   Kohlenhydrate insgesamt: 81,7g

Ballaststoffe: 1,7g   Ballaststoffe: 16,5g

Zucker: 3,8g   Zucker: 37,8g

Protein: 4,4g   Protein: 44,2g

40. Trauben-Shake

Zubereitungszeit: 5 Minuten

Portionen: 8

1. *Zutaten:*

400g Trauben
50g Heidelbeeren
200ml Milch
100g Griechischer Joghurt
1 Esslöffel Vanilleextrakt
50g Weizenprotein

2. *Zubereitung:*

Alle Zutaten in eine Küchenmaschine geben und umrühren, bis die Konsistenz geschmeidig ist.

3. *Nährwertangaben (Menge pro 100g/ganzer Portion):*

Beinhaltet: Vitamin A, C, Eisen, Calcium.

Muskelaufbau-Rezepte vor und nach dem Krafttraining-Wettbewerb

Kalorien: 88	Kalorien: 706
Kalorien von Fetten: 12	Kalorien von Fetten: 97
Fette insgesamt: 1,4g	Fette insgesamt: 10,8g
Gesättigte Fette: 0,8g	Gesättigte Fette: 6g
Cholesterol: 16mg	Cholesterol: 126mg
Natrium: 29mg	Natrium: 229mg
Kalium: 171mg	Kalium: 1364mg
Kohlenhydrate insgesamt: 12,2g	Kohlenhydrate insgesamt: 97,6g
Ballaststoffe: 0,6g	Ballaststoffe: 4,8g
Zucker: 10,8g	Zucker: 86,4g
Protein: 6,9g	Protein: 55,4g

41. Cashew & Kakao-Shake

Zubereitungszeit: 5 Minuten

Portionen: 4

1. Zutaten:

50g Cashew (gehackt)

2 Esslöffel Kakaopulver (30g)

100ml Mandelmilch

200ml Wasser

50g Weizenprotein (Schokolade)

2. Zubereitung:

Alle Zutaten in eine Küchenmaschine geben und umrühren, bis die Konsistenz geschmeidig ist.

3. Nährwertangaben (Menge pro 100g/ganzer Portion):

Beinhaltet: Vitamin C, Eisen, Calcium.

Muskelaufbau-Rezepte vor und nach dem Krafttraining-Wettbewerb

Kalorien: 197	Kalorien: 789
Kalorien von Fetten: 127	Kalorien von Fetten: 507
Fette insgesamt: 14,1g	Fette insgesamt: 56,3g
Gesättigte Fette: 7,8g	Gesättigte Fette: 31,3g
Cholesterol: 26mg	Cholesterol: 104mg
Natrium: 30mg	Natrium: 119mg
Kalium: 209mg	Kalium: 834mg
Kohlenhydrate insgesamt: 10,7g	Kohlenhydrate insgesamt: 42,9g
Ballaststoffe: 3,2g	Ballaststoffe: 12,7g
Zucker: 1,9g	Zucker: 7,4g
Protein: 12,9g	Protein: 51,7g

42. Grünkohl-Shake

Zubereitungszeit: 5 Minuten
Portionen: 6

1. Zutaten:

300g Grünkohl
50g Petersilie
1 Limette (Saft)
20g Ingwer
300ml Wasser
50ml Milch
50g Weizenprotein

2. Zubereitung:

Alle Zutaten in eine Küchenmaschine geben und umrühren, bis die Konsistenz geschmeidig ist.

3. Nährwertangaben (Menge pro 100g/ganzer Portion):

Beinhaltet: Vitamin A, C, Eisen, Calcium.

Muskelaufbau-Rezepte vor und nach dem Krafttraining-Wettbewerb

Kalorien: 59	Kalorien: 475
Kalorien von Fetten: 6	Kalorien von Fetten: 52
Fette insgesamt: 0,7g	Fette insgesamt: 5,8g
Gesättigte Fette: 0g	Gesättigte Fette: 2,6g
Cholesterol: 14mg	Cholesterol: 108mg
Natrium: 36mg	Natrium: 288mg
Kalium: 300mg	Kalium: 2402mg
Kohlenhydrate insgesamt: 8g	Kohlenhydrate insgesamt: 64,2g
Ballaststoffe: 1,3g	Ballaststoffe: 10,5g
Zucker: 0,8g	Zucker: 6g
Protein: 6,3g	Protein: 50,1g

GERICHTE NACH DEM KRAFTTRAINING-WETTBEWERB

FRÜHSTÜCK

1. Frühaufsteher-Frühstück

Reiß deinen Körper aus einem katabolischen Zustand heraus und bring ihn in einen Muskel aufbauenden Zustand mit diesem proteinreichen, kohlehydrathaltigen, ofengebackenen Frühstück. Grapefruit und Spargel stellen sicher, dass du mehr als die Hälfte deiner täglichen Vitamin C Dosis zu dir nimmst.

Zutaten (1 Portion):

6 Eiweiße

½ Tasse gekochte Hirse und brauner Reis Mischung

3 Spargelspitzen, geschnitten

½ pinke Grapefruit

1 kleine rote Paprika, in Streifen geschnitten

1 Prise geschmacksloses Molkenproteinpulver

1 Knoblauchzehe, gehackt

Olivenöl-Spray

Pfeffer, Salz

Zubereitungszeit: 10 min

Kochzeit: 15-20 min

Zubereitung:

Heiz den Ofen auf 200°C Umluft /Gas 6 vor. Besprüh eine gusseiserne Backform mit etwas Olivenöl.

Verquirle in einer mittelgroßen Schüssel die Eier mit etwas Salz und Pfeffer, bis sie schaumig sind.

Gib die gekochte Hirse-brauner Zucker-Mischung in die Backform. Füge zuerst das Eiweißpulver und anschließend die Spargel- und Paprika-Stücke den Eiern hinzu.

Backe das Ganze im Ofen für 15 bis 20 Minuten oder bis die Eier gekocht sind.

Nährwert pro Portion: 407kcal, 52g Proteine, 40g Kohlenhydrate (5g Ballaststoffe, 8g Zucker), 2g Fette, 15% Calcium, 12% Eisen, 19% Magnesium, 26% Vitamin A, 63%

Vitamin C, 48% Vitamin K, 12% Vitamin B1, 69% Vitamin B2, 26% Vitamin B9.

2. Schüssel voller Kraft

Ein Frühstück mit einem angepassten Namen, die Schüssel voller Kraft kombiniert proteinreiche Eier mit energiegeladenen Haferflocken. Die Walnüsse fügen dem Ganzen gesunde Fette und die Honigspritzer ein Hauch von Süße hinzu.

Zutaten (1 Portion):

6 Eiweiße

½ Tasse instant-Haferflocken, gekocht

1/8 Tasse Walnüsse

¼ Tasse Beeren

1 Teelöffel Naturhonig

Zimt

Zubereitungszeit: 10 min

Kochzeit: 5 min

Zubereitung:

Verquirle die Eiweiße, bis sie schaumig sind und koche sie in einer Bratpfanne bei mittlerer Hitze.

Vereine die Haferflocken und die Eiweiße in einer Schüssel. Füge Zimt und Naturhonig hinzu und vermische alles.

Garnier das Ganze mit Beeren, Bananen und Walnüssen.

Nährwert pro Portion: 344kcal, 30g Proteine, 33g Kohlenhydrate (3g Ballaststoffe, 23g Zucker), 11g Fette (2 gesättigte), 10% Eisen, 15% Magnesium, 10% Vitamin B1, 11% Vitamin B2, 15% Vitamin B5.

3. Thunfisch gefüllt mit Paprika

Das ist ein schnelles und nahrhaftes Rezept, das eine enorme Summe an B12 liefert. Da Thunfisch voller Proteine ist, ist es eine exzellente Option für ein Frühstück, das Muskeln aufbaut. Wenn du willst, füge einige Kohlehydrate zu deiner Mahlzeit hinzu: ein Stück Vollkorn-Toast ist eine gute Wahl.

Zutaten (2 Portionen):

2 Dosen Thunfisch in Wasser (185g), halb getrocknet

3 hartgekochte Eier

1 Frühlingszwiebel, fein gehackt

5 kleine Essiggurken, gewürfelt

Salz, Pfeffer

4 Paprika, halbiert, von Kernen befreit

Vorbereitungszeit: 5 min

Kochzeit: 10 min

Zubereitung:

Gib den Thunfisch, die Eier, die Frühlingszwiebeln, die Essiggurken und die Gewürze in einen Mixer und vermische sie, bis sie flüssig sind.

Füll die Paprikahälften mit der Mischung und serviere sie.

Nährwert pro Portion: 480kcal, 46g Proteine, 16g Fette (4g gesättigt), 8g Kohlehydrate (2g Ballaststoffe, 4g Zucker), 28% Magnesium, 94% Vitamin A, 400% Vitamin C, 12% Vitamin E, 67% Vitamin K, 18% Vitamin B1, 32% Vitamin B2, 90% Vitamin B3, 20% Vitamin B5, 56% Vitamin B6, 18% Vitamin B9, 284% Vitamin B12.

4. Griechischer Joghurt mit Leinsamen und Apfel

Mach Schluss mit dem traditionellen Eiweiß-Muskelbildner-Frühstück und versuche eine proteinreichen griechischen Joghurt, der mit Äpfel verfeinert wurde. Verwende ganze Leinsamen um deinen Ballaststoff-Einnahme zu maximieren und lege sie über Nacht in Wasser ein. Dadurch werden sie weich und leicht verdaulich.

Zutaten (1 Portion):

1 Tasse griechischer Joghurt

1 Apfel, dünn geschnitten

2 Esslöffel Leinsamen

¼ Teelöffel Zimt

1 Teelöffel Honigkraut

eine Prise Salz

Zubereitungszeit: 5 min

Kochzeit: 45 min

Zubereitung:

Heize den Ofen auf 190°C Umluft/Gas 5 vor. Gib den geschnittenen Apfel in eine teflonbeschichtete Pfanne, streu Zimt, Honigkraut und eine Prise Salz darüber. Leg den Deckel auf die Pfanne und backe das Ganze für 45 Minuten bzw. bis er weich ist. Nimm sie aus dem Ofen und lass sie 30 Minuten auskühlen.

Gib den griechischen Joghurt in eine Schüssel und füge die Äpfel und Leinsamen dazu. Serviere das Gericht anschließend.

Nährwert pro Portion: 422kcal, 22g Proteine, 39g Kohlehydrate (7g Ballaststoffe, 22 g Zucker), 21g Fette (8 g gesättigt), 14% Calcium, 22% Magnesium, 14% Vitamin C, 24% Vitamin B1, 13% Vitamin B12.

5. Paprikaringe mit 'frittierter Maisgrütze'

Ein leckeres und besonders aussehendes Gericht, die Paprika-Ringe mit 'fitter Maisgrütze' heizt deine Muskeln an und stärkt sie über den Tag hinweg. Voller Farbe und Nährstoffe ist dieses Frühstück reich an Vitamin B1.

Zutaten (1 Portion):

6 Eiweiße

2 Eier

¼ Tasse brauner Farina-Reis

1 Tasse frischer Spinat

½ grüne Paprika

1 Tasse Kirschtomaten

Olivenöl-Spray

Salz, Pfeffer

Zubereitungszeit: 10 min

Kochzeit: 15 min

Zubereitung:

Verquirle das Eiweiß mit einer Prise Salz und Pfeffer, bis es schaumig ist. Erhitze Öl in einer teflonbeschichteten Pfanne und koche die Eiweiße sowie den Farina-Reis. Gib Spinat dazu, vermisch alles und koche es, bis der Spinat gewellt ist.

Sprühe etwas Olivenöl in eine Bratpfanne und erhitz es auf mittlerer Stufe. Schneide die Paprika horizontal in 2 Ringe, gib sie in die Bratpfanne und zerbrich die Eier in den Paprika. Lass sie kochen, bis die Eier weiß werden.

Stell die Eier-Farina-Mischung und die gekochten Paprikaringe auf eine Platte und serviere das Ganze mit Kirschtomaten.

Nährwert pro Portion: 495kcal, 45g Proteine, 45g Kohlehydrate (3g Ballaststoffe, 7g Zucker), 11g Fette (3g gesättigt), 9% Calcium, 14% Eisen, 20% Magnesium, 35% Vitamin A, 32% Vitamin C, 91% Vitamin B2, 22% Vitamin B5, 12% Vitamin B6, 15% Vitamin B12.

6. Mandelmilch-Smoothie

110 Minuten sind alles, was du brauchst um diesen Vitamin D und B1 reichen Mandelmilch-Smoothie zuzubereiten. Du kannst eine große Kanne davon zubereiten und den Rest im Gefrierschrank aufbewahren. Damit machst du diesen Smoothie zu einer perfekten Wahl für ein schnelles Frühstück für unterwegs.

Zutaten (2 Portionen):

1 Tasse Mandelmilch

1 Tasse gefrorener Beeren

1 Tasse Spinat

1 Portion Proteinpulver mit Bananengeschmack

1 Esslöffel Chia-Salbei

Zubereitungszeit: 10 min

Keine Kochzeit

Zubereitung:

Gib alle Zutaten in einen Mixer, bis sie flüssig sind. Schütte zwei Gläser aus und serviere den Smoothie.

Nährwert pro Portion: 295kcal, 26g Proteine, 32g Kohlehydrate (4g Ballaststoffe, 13g Zucker), 9g Fette, 40% Calcium, 20% Eisen, 12% Magnesium, 50% Vitamin A, 40% Vitamin C, 25% Vitamin D, 57% Vitamin E, 213% Vitamin B1, 18% Vitamin B9.

7. Kürbiskuchen-Protein-Pfannkuchen

Vergiss Fluor und versuche Hafer-Pfannkuchen mit einer geschmackvollen Note von frischem Kürbis. Top das Ganze mit einer kalorienarmen Sirup und genieße ein proteinreiches Frühstück, das genauso gut schmeckt wie ein weizenhaltiges.

Zutaten (1 Portion :

1/3 Tasse Hafer

¼ Tasse Kürbis

½ Tasse Eiweiß

1 Prise Zimt-Proteinpulver

½ Teelöffel Zimt

Olivenöl-Spray

Zubereitungszeit: 5 min

Kochzeit: 5 min

Zubereitung:

Gib alle Zutaten zusammen in eine Schüssel. Besprüh eine mittelgroße Bratpfanne mit Olivenöl. Stelle sie anschließend bei mittlerer Hitze auf den Herd.

Gib den Teig in die Pfanne, und wende ihn, sobald sich dünne Blasen auf dem Pfannkuchen bilden. Wenn jede Seite goldbraun ist, nimm den Pfannkuchen heraus und serviere ihn.

Nährwert pro Portion: 335kcal, 39g Proteine, 37g Kohlehydrate (6g Ballaststoffe, 1 g Zucker), 6g Fette, 14% Calcium, 15% Eisen, 26% Magnesium, 60% Vitamin A, 26% Vitamin B1, 37% Vitamin B2, 10% Vitamin B5, 31% Vitamin B6.

8. Proteinreiche Haferflocken

Eine herzhafte Mahlzeit mit vielen Kohlehydrate, die dich für Stunden gesättigt sein lassen, während Proteinpulver und Mandeln für einen proteinreichen Start in den Tag sorgen. Wenn du deine Haferflocken mit einen fruchtigen Geschmack bevorzugst, verwende Proteinpulver mit Bananengeschmack.

Zutaten (1 Portion):

2 Pakete instant-Haferflocken (28g je Paket)

¼ Tasse gemahlener Mandeln

1 Prise Molkenproteinpulver mit Vanille-geschmack

1 Esslöffel Zimt

Zubereitungszeit: 5 min

Kochzeit: 5 min

Zubereitung:

Gib die Instant-Haferflocken in eine Schüssel, vermische sie mit Proteinpulver und Zimt. Füge heißes Wasser hinzu und rühre alles um. Kröne das Ganze mit gemahlenen Mandeln und serviere es.

Nährwert pro Portion: 436kcal, 33g Proteine, 45g Kohlehydrate (10g Ballaststoffe, 4g Zucker), 15g Fette (1g gesättigt), 17% Calcium, 19% Eisen, 37% Magnesium, 44% Vitamin E, 21% Vitamin B1, 21% Vitamin B2.

9. Protein-gepacktes Gerangel

Füttere deine Muskeln und vollziehe ein intensives Workout mit dieser 51g Proteinmahlzeit. Diese Rühreier mit Gemüse und Truthahn-Sauce haben den erheblichen Vorteil, dass sie vollgeladen sind mit Kohlehydraten und zudem noch einer hohen Anzahl an Vitaminen.

Zutaten (1 Portion):

8 Eiweiße

2 Würfel Truthahn-Sauce, zerkleinert

1 große Zwiebel, gewürfelt

1 Tasse roter Paprika, gewürfelt

2 Tomaten, gewürfelt

2 Tasse frischer Spinat, gehackt

1 Teelöffel Olivenöl

Salz und Pfeffer

Zubereitungszeit: 10 min

Kochzeit: 10-15 min

Zubereitung:

Verquirle die Eiweiße mit einer Prise Salz und Pfeffer, bis sie schaumig sind. Stell sie dann zur Seite.

Erhitze das Öl in einer teflonbeschichteten Pfanne, verteile die Zwiebeln und Pfeffer darauf und brate alles kurz im Fett an, bis sie weich sind. Würze alles mit Salz und Pfeffer. Füge die Truthahn-Sauce hinzu und koche alles, bis es goldbraun ist. Senke dann die Hitze und füge die Eiweiße hinzu. Rühre alles um.

Wenn die Eier fast fertig sind, gib die Tomate und den Spinat dazu. Koche alles 2 Minuten und serviere es.

Nährwert pro Portion: 475kcal, 51g Proteine, 37g Kohlehydrate (10g Ballaststoffe, 18g Zucker), 10g Fette (2g gesättigt), 14% Calcium, 23% Eisen, 37% Magnesium, 255% Vitamin A, 516% Vitamin C, 25% Vitamin E, 397% Vitamin K, 22% Vitamin B1, 112% Vitamin B2, 29% Vitamin B3, 19% Vitamin B5, 51% Vitamin B6, 65% Vitamin B9.

MITTAGESSEN

10. Mediterraner Reis

Verwandle die langweilige Thunfisch-Dose in ein leckeres Gericht, das der perfekte Start für einen Nachmittag voller Übungen ist. Die hohe Menge an Kohlehydraten wird dir genügend Energie für dein Workout liefern und die Proteine stellen sicher, dass deine Muskeln nach der Anstrengung wieder zu Kräften kommen.

Zutaten (1 Portion):

1 Dose Thunfisch in Öl, abgeschöpft

100g brauner Reis

¼ Avocado, gewürfelt

¼ rote Zwiebel, geschnitten

Saft von ½ Zitrone

Salz und Pfeffer

Zubereitungszeit: 5 min

Kochzeit: 20 min

Zubereitung:

Erhitze den braunen Reis für ungefähr 20 Minuten und gib ihn anschließend in eine Schüssel mit Zwiebeln, Thunfisch und Avocado. Füg den Zitronensaft hinzu und vermische alle Zutaten. Würze alles mit Salz und Pfeffer, schmecke es ab und serviere es.

Nährwert pro Portion: 590kcal, 32g Proteine, 80g Kohlehydrate (7g Ballaststoffe, 1g Zucker), 14g Fette (5g gesättigt), 22% Eisen, 52% Magnesium, 101% Vitamin D, 18% Vitamin E, 107% Vitamin K, 32% Vitamin B1, 134% Vitamin B3, 26% Vitamin B5, 39% Vitamin B6, 15% Vitamin B9, 63% Vitamin B12.

11. Scharfes Huhn

Huhn ist perfekt für eine proteinreiche, Muskel aufbauende Mahlzeit. Reich an Nährstoffen kann diese einfache und leckere Mahlzeit mit einer Kohlenhydrat-Beilage deiner Wahl kombiniert werden.

Zutaten (2 Portionen):

3 knochenfreie Hühner-Brüste, halbiert

175g fettreduzierter Joghurt

5cm breite Stücke Gurke, fein gehackt

2 Esslöffel Thai rote Currypaste

2 Esslöffel Koriander, gehackt

2 Tassen frischer Spinat, als Beilage

Zubereitungszeit: 5 min

Kochzeit: 35-40 min

Zubereitung:

Heiz den Backofen auf 190°C Umluft/Gas 5 vor. Leg das Huhn eben in eine Schüssel. Misch ein Drittel des Joghurts mit der Currypaste und zwei Drittel Koriander, füge Salz und Pfeffer dazu und gieß alles über das Huhn. Stell sicher, dass das Fleisch gleichmäßig bedeckt ist. Lass es 30 Minuten ziehen (oder stell es über Nacht in den Kühlschrank)

Steck das Huhn auf eine Grillstange in einer Bratform und brate es 35 bis 40 Minuten, bis es goldbraun ist.

Erhitze Wasser in einer Pfanne und lass den Spinat sich darin zusammenfalten.

Mische den restlichen Joghurt und Koriander, füge Gurke dazu und rühre alles um. Gieß die Mischung auf das Huhn und serviere es mit dem gekochten Spinat.

Nährwert pro Portion: 275kcal, 43g Proteine, 8g Kohlehydrate (1g Ballaststoffe, 8g Zucker, 3g Fette (1g gesättigt), 20% Calcium, 15% Eisen, 25% Magnesium, 56% Vitamin A, 18% Vitamin C, 181% Vitamin K, 16% Vitamin B1, 26% Vitamin B2, 133% Vitamin B3, 25% Vitamin B5, 67% Vitamin B6, 19% Vitamin B9, 22% Vitamin B12.

12. Gefüllte Eier mit Pita-Bort

Decke deinen Bedarf an Omega-3-Fettsäuren mit diesem lachshaltigen Gericht. Reich an Vitaminen und Mineralien ist es eine großartige Art und Wiese, um dich mit Energie aufzutanken und gestärkt durch den Tag zu gehen.

Zutaten (2 Portionen):

1 in Wasser eingelegter Lachs aus der Dose (450g)

2 Eier

1 große Frühlingszwiebel, fein geschnitten

2 große Blätter Kopfsalat

10 Kirschtomaten

1 Esslöffel griechischer Joghurt

1 großes Vollkorn-Fladenbrot, halbiert

Meersalz und Pfeffer

Zubereitungszeit: 10 min

Kochzeit: 10 min

Zubereitung:

Koch die Eier, schäle sie und halbiere sie. Entferne anschließend den Eidotter und lege sie in eine Schüssel.

Gib den Lachs aus der Dose in die Schüssel sowie 1 Esslöffel Joghurt, die Frühlingszwiebel und Gewürze. Vermische alle Zutaten und fülle die Eier damit. Serviere das Fladenbrot gefüllt mit Kopfsalat und Tomaten.

Nährwert pro Portion: 455kcal, 45g Proteine, 24g Kohlenhydrate (3g Ballaststoffe, 2g Zucker), 36g Fette (10g gesättigt), 59% Calcium, 22% Eisen, 21% Magnesium, 30% Vitamin A, 24% Vitamin C, 43% Vitamin K, 11% Vitamin B1, 36% Vitamin B2, 60% Vitamin B3, 20% Vitamin B5, 41% Vitamin B6, 20% Vitamin B9, 20% Vitamin B12.

13. Chicken Caesar Wraps

Diese Chicken Wraps ergeben eine großartige, tragbare Mahlzeit, die sicherstellt, dass dein Proteinlevel während des ganzen Tages hoch ist. Gib etwas Baby-Spinat dazu und mach daraus ein grüneres Gericht.

Zutaten (1 Portion):

85g Hühnerbrust, gebacken

2 ganze Vollkorn-Tortillas

1 Tasse Kopfsalat

50g fettfreier Joghurt

1 Teelöffel Anchovis-Paste

1 Teelöffel trockenes Senfpulver

1 Knoblauchzehe, gekocht

½ mittelgroße Gurke, gewürfelt

Zubereitungszeit: 5 min

Keine Kochzeit

Zubereitung:

Kombiniere die Anchovis-Paste mit dem Knoblauch und dem Joghurt, rühre um und gib Kopfsalat und die Gurken dazu. Teile die Mischung in 2 Hälften und streich sie auf die Tortillas. Leg anschlie0end das halbe Huhn in jede Tortilla. Wickel es ein und serviere es.

Nährwert pro Portion (2 Tortillas): 460kcal, 41g Proteine, 57g Kohlehydrate (7g Ballaststoffe, 9g Zucker), 10g Fette (2g gesättigt), 11% Calcium, 22% Vitamin K, 13% Vitamin B2, 59% Vitamin B3, 12% Vitamin B5, 29% Vitamin B6, 10% Vitamin B12.

14. Gebackter Lachs mit gegrilltem Spargel

Ein klassisches Gericht, das durch eine Zitronenmarinade und Senf interessanter gemacht wurde. Der gegrillte Lachs passt hervorragend zu den in Knoblauch eingelegten Spargelspitzen. Behandle dich selbst mit einer großartigen Kombination aus Proteinen und Vitaminen.

Zutaten (1 Portion):

140g Wildlachs

1 ½ Tasse Spargel

Marinade:

1 Esslöffel Knoblauch, fein geschnitten

1 Esslöffel Dijon Senf

Saft vom ½ Zitrone

1 Teelöffel Olivenöl

Vorbereitungszeit: 5 min

Kochzeit: 15 min

Zubereitung:

Heiz den Backofen auf 200°C Umluft/Gas 6 vor.

Mische in einer Schüssel den Zitronensaft mit der Hälfte des Knoblauchs, Olivenöl und Senf. Gieß die Marinade über den Lachs und stell sicher, dass er komplett bedeckt ist. Stell den marinierten Lachs für mindestens eine Stunde in den Kühlschrank.

Schneide die Spargelspitzen ab. Stell eine teflonbeschichtete Pfanne auf mittlerer/starke Hitze auf. Lege den Spargel mit dem verbleibenden Knoblauch ein, wende den Spargel dazu auf beiden Seiten und lass ihn für etwa 5 Minuten ziehen.

Leg den Lachs auf Backpapier und backe ihn für 10 Minuten. Serviere ihn anschließend mit dem gegrillten Spargel.

Nährwert pro Portion: 350kcal, 43g Proteine, 7g Kohlehydrate (5g Ballaststoffe, 1 g Zucker), 16g Fette (1 gesättigt), 17% Eisen, 20% Magnesium, 48% Vitamin A, 119% Vitamin C, 17% Vitamin E, 288% Vitamin K, 39% Vitamin B1, 60% Vitamin B2, 90% Vitamin B3, 33% Vitamin B5, 74% Vitamin B6, 109% Vitamin B9, 75% Vitamin B12.

15. Pasta mit Hackbällchen und Spinat

Ein proteinreiches Pasta-Gericht macht das Beste aus der Paarung Rindfleisch und Spinat. Es steckt nicht nur rund um voller Vitamine, sondern es beinhaltet auch eine gesunde Menge an Magnesium, das die Muskelkontraktion reguliert.

Zutaten (2 Portionen):

Für die Hackbällchen:

170g fettarmes Hackfleisch vom Rind

½ Tasse frischer Spinat, zerkleinert

1 Esslöffel Knoblauch, fein geschnitten

¼ Tasse rote Zwiebel, geschnitten

1 Teelöffel Kümmel

Meersalz und Pfeffer

Für die Pasta:

100g Weizen-Spinat-Pasta

10 Kirschtomaten

2 Tasse frischer Spinat

¼ Tasse Marinara-Sauce

2 Esslöffel fettreduzierter Parmesan-Käse

Zubereitungszeit: 15 min

Kochzeit: 30 min

Zubereitung:

Heiz den Backofen auf 200°C Umluft/Gas 6 vor.

Mische das Hackfleisch, den frischen Spinat, den Knoblauch, die rote Zwiebel sowie Salz und Pfeffer nach Geschmack. Vermenge das Ganze mit den Händen, bis der Spinat völlig mit dem Fleisch vermischt ist.

Forme zwei oder drei Hackbällchen ungefähr gleicher Größe und leg sie für 10 bis 12 Minuten auf ein Backpapier in den Backofen.

Koch die Nudeln nach Packungsanweisung. Schütte das Nudelwasser ab und rühre die Tomaten, den Spinat und den Käse unter die Nudeln. Füg die Hackbällchen hinzu und serviere alles.

Nährwert pro Portion: 470kcal, 33g Proteine, 50g Kohlehydrate (6g Ballaststoffe, 5g Zucker), 12g Fette (5g gesättigt), 17% Calcium, 28% Eisen, 74% Magnesium, 104% Vitamin A, 38% Vitamin C, 11% Vitamin E, 361% Vitamin K, 16% Vitamin B1, 20% Vitamin B2, 45% Vitamin B3, 11% Vitamin B5, 45% Vitamin B6, 35% Vitamin B9, 37% Vitamin B12.

16. Gefüllte Hühnerbrust mit braunem Reis

Brauner Reis ist eine exzellente Art, qualitätsreiche Kohlehydrate in deine Ernährung einzubringen. Ergänz das mit einer proteinreichen Hühnerbrust und etwas Gemüse, dann hast du ein leckeres und energiereiches Mittagessen.

Zutaten (1 Portion):

170g Hühnerbrust

½ Tasse frischer Spinat

50g brauner Reis

1 Frühlingszwiebel, geschnitten

1 Tomate, geschnitten

1 Esslöffel Feta-Käse

Zubereitungszeit: 10 min

Kochzeit: 30 min

Zubereitung:

Heiz den Backofen auf 190°C Umluft/Gas 5 vor.

Schneide die Hühnerbrust in der Mitte durch, so dass sie aussieht wie ein Schmetterling. Würz das Huhn mit Salz und Pfeffer, öffne es anschließend und füll es mit Spinat, Feta-Käse und Tomaten-Stücke. Falte die Hühnerbrust und verwende einen Zahnstocher, damit alles zusammenhält. Backe die Hühnerbrust für 20 Minuten.

Erhitze den braunen Reis, füg Knoblauch hinzu und gehackte Zwiebel. Befülle eine Platte mit braunem Reis, lege das Huhn darauf und serviere alles.

Nährwert pro Portion: 469kcal, 48g Proteine, 46g Kohlehydrate (5g Ballaststoffe, 6g Zucker), 8g Fette (5g gesättigt), 22% Calcium, 18% Eisen, 38% Magnesium, 55% Vitamin A, 43% Vitamin C, 169% Vitamin K, 28% Vitamin B1, 28% Vitamin B2, 103% Vitamin B3, 28% Vitamin B5, 70% Vitamin B6, 23% Vitamin B9, 17% Vitamin B12.

17. Krabben und Zucchini-Linguine-Nudelsalat

Ein irreführendes Nudelgericht mit einer Portion zerkleinerter Zucchini und gedünsteten Krabben, die mit einem Hauch von Sesam verfeinert werden.
Diese Kombination der Zutaten macht ein leichtes Mittagessen aus mit einem hohen Gehalt an Proteinen.

Zutaten (1 Portion):

170g gedünstete Krabben

1 große Zucchini, geschnitten

¼ Tasse rote Zwiebel, geschnitten

1 Tasse Paprika, in Streifen

1 Esslöffel gebratene Tahini Butter

1 Teelöffel Sesamöl

1 Teelöffel Sesamsamen

Zubereitungszeit: 10 min

Keine Kochzeit

Zubereitung:

Schneide die Zucchini, indem du einen Zerkleinerer verwendest, um die Linguine frisch zuzubereiten.

Vermische Tahini und Sesamöl in einer Schüssel.

Gib alle Zutaten in eine große Schüssel, gieß die Tahini Sauce darüber und rühre alles um, um sicher zu gehen, dass alle Zutaten mit der Sauce bedeckt sind. Streu einige Sesamsamen hinein und serviere es.

Nährwert pro Portion: 420kcal, 45g Proteine, 26g Kohlehydrate (10g Ballaststoffe, 12g Zucker), 18g Fette (2g gesättigt), 19% Calcium, 47% Eisen, 48% Magnesium, 33% Vitamin A, 303% Vitamin C, 17% Vitamin E, 31% Vitamin K, 38% Vitamin B1, 36% Vitamin B2, 38% Vitamin B3, 13% Vitamin B5, 66% Vitamin B6, 35% Vitamin B9, 42% Vitamin B12.

18. Puten-Hackbällchen mit Vollkorn-Couscous

Diese Puten-Hackbällchen werden in einer Muffin-Form gebacken und stellen sicher, dass du deine gesättigte Fettsäure-Einnahme minimierst. Pepp sie etwas auf, indem du den Hackbällchen Paprika oder Pilze zufügst anstatt Zwiebel und würz sie mit etwas Bärlauch.

Zutaten (1 Portion):

140g mageres Puten-Hackfleisch

¾ Tasse rote Zwiebel, geschnitten

1 Tasse frischen Spinat

1/3 Tasse natriumarme Marinara-Sauce

½ Tasse Vollkorn-Couscous, gekocht

Gewürze deiner Wahl: Petersilie, Basilikum, Koriander

Pfeffer, Salz

Olivenöl-Spray

Zubereitungszeit: 5 min

Kochzeit: 20 min

Zubereitung:

Heiz den Ofen auf 200°C Umluft/Gas 6 vor.

Würz die Pute mit den Gewürzen deiner Wahl und gib die geschnittene Zwiebel dazu.

Sprüh die Muffin-Form leicht mit Olivenöl ein und leg die Pute in die Förmchen. Garniere jedes Puten-Hackbällchen mit 1 Esslöffel Marinara-Sauce, stell alles in den Backofen und back es 8 bis 10 Minuten.

Serviere das Ganze mit Couscous.

Nährwert pro Portion: 460kcal, 34g Proteine, 53g Kohlehydrate (4g Ballaststoffe, 7g Zucker), 12g Fette (4g gesättigt), 12% Calcium, 15% Eisen, 10% Magnesium, 16% Vitamin A, 15% Vitamin C, 11% Vitamin E, 16% Vitamin K, 11% Vitamin B1, 25% Vitamin B3, 16% Vitamin B6, 11% Vitamin B9.

19. Thunfisch-Burger und Salat

Der Thunfisch-Burger ist reich an Proteinen und Kohlehydraten. Damit ist er eine ausgezeichnete Wahl für ein Tagesgericht zum Workout. Bereite ihn jedes Mal etwas anders zu und wechsele beim Salatdressing zwischen verschiedenen Gemüse und Gewürzen.

Zutaten (1 Portion):

1 Dose Thunfisch-Stücke (165g)

1 Eiweiß

½ Tasse gehackte Pilze

2 Tasse Blattsalat, zerkleinert

¼ Tasse getrockneter Hafer

1 Teelöffel Olivenöl

1 Esslöffel fettreduziertes Salatdressing (deiner Wahl)

Kleiner Zweig Oregano, gehackt

1 mittelgroßes Vollkornbrötchen, halbiert

Zubereitungszeit 10 min

Kochzeit: 10 min

Zubereitung:

Vermenge das Eiweiß, den Thunfisch, den getrockneten Hafer, den Oregano und forme eine Frikadelle.

Erhitz das Öl in einer teflonbeschichteten Pfanne bei mittlerer Hitze, leg die Frikadellen hinein und wende sie von Zeit zu Zeit, um sicher zu gehen, dass sie auf beiden Seiten braun werden.

Schneide das Vollkornbrötchen in 2 Hälften (horizontal) und leg die Frikadelle zwischen die beiden Hälften.

Mische das Gemüse in einer Schüssel, gib das Salatdressing dazu und serviere es als Beilage zum Thunfisch-Burger.

Nährwert pro Person: 560kcal, 52g Proteine, 76g Kohlehydrate (13g Ballaststoffe, 7g Zucker), 10g Fette (1g gesättigt), 11% Calcium, 35% Eisen, 38% Magnesium, 16% Vitamin A, 16% Vitamin K, 35% Vitamin B1, 33% Vitamin B2, 24% Vitamin B3, 28% Vitamin B5, 41% Vitamin B6, 21% Vitamin B9, 82% Vitamin B12.

20. Scharfe Rindersteak-Kebabs

Dieser scharfe Kebab wird serviert mit Ofenkartoffeln. Das macht ihn nicht nur zu einer Muskel aufbauenden Mahlzeit, sondern auch eine gute Gelegenheit, das Augenlicht schützende Vitamin A deiner Ernährung zuzufügen. Füg einen Esslöffel eines fettreduzierten Joghurts zu deinen Kartoffeln um sie erfrischender zuzubereiten.

Zutaten (1 Portion):

140g mageres Rindersteak (Spannrippe)

200g Süßkartoffel

1 Paprika, gehackt

½ mittelgroße Zucchini, gehackt

fein gehackter Knoblauch

Pfeffer, Salz

Zubereitungszeit: 15 min

Kochzeit: 55 min

Zubereitung:

Heiz den Ofen auf 200°C Umluft/Gas 6 vor. Pack die Süßkartoffeln in Folie ein, leg sie in den Backofen und backe sie für 45 Minuten.

Schneide das Rindersteak in dünne Streifen, würz es mit Salz, Pfeffer und Knoblauch. Stell den Kebab zusammen, wechsele zwischen Rind, Zucchini und Paprika ab.

Leg den Kebab auf ein Backpapier und backe ich für 10 Minuten. Serviere ihn zusammen mit den Süßkartoffeln.

Nährwert pro Portion: 375kcal, 38g Proteine, 49g Kohlehydrate (9g Ballaststoffe, 12g Zucker), 4g Fette (1g gesättigt), 24% Eisen, 27% Magnesium, 581% Vitamin A, 195% Vitamin C, 21% Vitamin K, 22% Vitamin B1, 28% Vitamin B2, 61% Vitamin B3, 28% Vitamin B5, 92% Vitamin B6, 20% Vitamin B9, 30% Vitamin B12.

ABENDESSEN

21. Sushi-Platte

Eine kalorienarme Sushi-Platte ersetzt Reis für Blumenkohl, welcher mit Knoblauch, Sojasauce und Zitronensaft verfeinert ist. Benutze die Seetang-Blätter, um das Gemüse und den Lachs einzuwickeln und forme eine Mini-Rolle.

Zutaten (2 Portionen):

170g geräucherter Lachs

1 mittegroße Avocado

½ Kopf Blumenkohl, gedünstet und gewürfelt

1/3 Tasse Karotten, zerkleinert

½ Teelöffel Cayenne

1.2 Teelöffel Knoblauchpulver

1 Esslöffel natriumarme Sojasauce

2 Seetang-Blätter

Saft von einer ½ Limette

Zubereitungszeit: 10 min

Keine Kochzeit

Zubereitung:

Gib den Blumenkohl, die Karotten, die Sojasauce, den Knoblauch, den Limettensaft und den Cayenne in eine Küchenmaschine. Stoppe sie, bevor sich die Mischung in eine Paste verwandelt. Serviere das Ganze neben Lachs und den Seetang-Blättern.

Nährwert pro Person: 272kcal, 20g Proteine, 13g Kohlehydrate (7g Ballaststoffe, 4g Zucker), 16g Fette (1g gesättigt), 10% Eisen, 14% Magnesium, 73% Vitamin A, 88% Vitamin C, 13% Vitamin E, 40% Vitamin K, 18% Vitamin B1, 15% Vitamin B2, 31% Vitamin B3, 21% Vitamin B5, 31% Vitamin B6, 26% Vitamin B9, 45% Vitamin B12.

22. Hühnchen süß-sauer

Hühnchen süß-sauer ist ein leichtes und leckeres Rezept, das in jeder Küche Platz findet. Es ist reich an Proteinen und Vitaminen und passt sehr gut zu gedünsteten Broccoli-Rosetten.

Zutaten (2 Portionen):

300g Hühnerbrust, geschnitten in mundgerechte Stücke

1 Teelöffel Knoblauchsalz

¼ Tasse natriumarme Hühnerbrühe

¼ Tasse weißer Essig

¼ Süßstoff

¼ Teelöffel schwarzer Pfeffer

1 Teelöffel natriumarme Sojasauce

3 Teelöffel zuckerfreien Ketchup

Pfeilwurz

400g Broccoli-Rosetten, gedünstet

Zubereitungszeit: 10 min

Kochzeit: 15 min

Zubereitung:

Leg das Hühnchen in eine große Schüssel und würze es auf beiden Seiten mit Knoblauch, Pfeffer und Salz. Koch das Hühnchen bei mittlerer/starker Hitze, bis es gar ist.

Verrühre währenddessen die Hühnerbrühe, Süßstoff, Essig, Ketchup und Sojasauce in einer Sauce-Pfanne. Bring die Mischung zum Kochen und senke die Hitze. Füg die Pfeilwurz dazu und verrühre es gut. Lass es für einige Minuten kochen.

Gieß die Sauce über das gekochte Hühnchen und serviere es mit gedünstetem Broccoli.

Nährwert pro Portion: 250kcal, 40g Proteine, 14g Kohlehydrate (6g Ballaststoffe, 4g Zucker), Fette 2g, 11% Calcium, 14% Eisen, 20% Magnesium, 24% Vitamin A, 303% Vitamin C, 254% Vitamin K, 17% Vitamin B1, 21% Vitamin B2, 90% Vitamin B3, 24% Vitamin B5, 58% Vitamin B6, 33% Vitamin B9.

23. Hummer in Knoblauch

Du benötigst nur 5 Minuten um dieses gesunde und leckere Gericht zuzubereiten. Es ist sehr reich an Magnesium und beinhaltet eine große Menge an Protein, trotz der Tatsache, dass dieses Rezept ohne Fleisch auskommt. Wenn du ein Vollkorn-Tortilla dazu nimmst, hast du das perfekte Essen für unterwegs.

Zutaten (3 Portionen):

1*400g Kichererbsen aus der Dose (halte 1/4 der Flüssigkeit zurück)

¼ Tasse Tahini

¼ Tasse Zitronensaft

1 Knoblauchzehe

1 Esslöffel Olivenöl

¼ Teelöffel Ingwer

¼ Teelöffel Kümmel

2 Frühlingszwiebel, fein gehackt

1 Tomaten, gewürfelt

Zubereitungszeit: 5 min

Keine Kochzeit

Zubereitung:

Gib die Kichererbsen, die Flüssigkeit davon, die Tahini, den Zitronensaft, das Olivenöl, den Knoblauch, den Kümmel und den Ingwer in eine Küchenmaschine und verrühr alles, bis es weich ist.

Füge die Tomaten und die Frühlingszwiebeln dazu und würze alles mit Salz und Pfeffer. Serviere alles mit Paprika-Stücken.

Nährwert pro Person: 324kcal, 11g Proteine, 21g Kohlehydrate (7g Ballaststoffe, 1g Zucker), 17g Fette (2g gesättigt), 22% Calcium, 54% Eisen, 135% Magnesium, 10% Vitamin A, 12% Vitamin C, 33% Vitamin K, 122% Vitamin B1, 12% Vitamin B2, 44% Vitamin B3, 11% Vitamin B5, 12% Vitamin B6, 40% Vitamin B9.

24. Hühnchen mit Ananas und Paprika

Nimm eine Auszeit von den traditionellen Hühnchen-Rezepten und probiere dieser Version mit süßer und erfrischender Ananas. Diese Mahlzeit ist reich an Vitamin B3 sowie Proteinen und noch dazu eine wichtige Quelle für Kohlehydrate. Statt des Reises kannst du ebenso Hirse verwenden.

Zutaten (1 Portion):

140g Hühnerbrust, ohne Knochen

1 Esslöffel Senf

½ Tasse frische Ananas, geschnitten

½ Tasse Paprika, geschnitten

50g brauner Reis

Kokosöl-Spray

1 Teelöffel Kümmel

Salz und Pfeffer

Zubereitungszeit: 5 min

Kochzeit: 15 min

Zubereitung:

Schneide das Hühnchen in kleine Streifen, reibe sie mit Senf ein und würze sie mit Salz, Pfeffer und Kümmel.

Stell eine Pfanne bei mittlerer Hitze auf den Herd und besprüh sie leicht mit Kokosöl. Gib das Hühnchen hinzu und koche es auf allen Seiten. Wenn das Hühnchen fast fertig ist, erhöhe die Hitze und gib die Ananas-Stücke und die Paprika dazu. Koch alles und stell sicher, dass alle Seiten braun sind. Das sollte 3 bis 5 Minuten dauern.

Erhitze den braunen Reis und serviere ihn zusammen mit dem Hühnchen.

Nährwert pro Portion: 377kcal, 37g Proteine, 50g Kohlehydrate (6g Ballaststoffe, 10g Zucker), 1g Fette, 12% Eisen, 33% Magnesium, 168% Vitamin C, 26% Vitamin B1, 13% Vitamin B2, 96% Vitamin B3, 22% Vitamin B5, 65% Vitamin B6, 10% Vitamin B9.

25. Proteinschüssel nach mexikanischer Art

Nimm dir eine Auszeit von Fleisch und schmeiß diese Zutaten zusammen für eine wohlschmeckende Alternative zum Gewöhnlichen. Du kannst das frittierte Fett und die ungesunden Kalorien weglassen und trotzdem bekommst du den vollen Geschmack mexikanischen Essens.

Zutaten:

1/3 Tasse gekochter, schwarzer Bohnen

½ Tasse gekochter. Brauner Reis

2 Esslöffel Salsa

¼ Avocado, geschnitten

Zubereitungszeit: 5 min

Keine Kochzeit

Zubereitung:

Vermische alle Zutaten in einer Schüssel und serviere das Ganze.

Nährwert pro Portion: 307kcal, 11g Proteine, 48g Kohlehydrate (11g Ballaststoffe, 1g Zucker), 7g Fette (1g gesättigt), 26% Magnesium, 13% Vitamin K, 16% Vitamin B1, 11% Vitamin B3, 17% Vitamin B6, 30% Vitamin B9.

26. Rucola-Hühnchen-Salat

Rucola-Blätter verleihen diesem süßen und super gesunden Salat die gewisse Befriedigung. Diese Mahlzeit ist eine ausgiebige Quelle für Gemüse und qualitätsvolle Proteine und kann mit einem einfachen Dressing bestehend aus fettreduziertem Joghurt und Knoblauch bereichert werden.

Zutaten (1 Portion):

120g Hühnerbrust

5 Baby-Karotten, gewürfelt

¼ Rotkohl, gewürfelt

½ Tasse Rucola

1 Esslöffel Sonnenblumenkerne

1 Teelöffel Olivenöl

Zubereitungszeit: 10 min

Kochzeit: 10 min

Zubereitung:

Schneide das Hühnchen in mundgerechte Würfel. Erhitze das Olivenöl in einer teflonbeschichteten Pfanne und brate das Hühnchen darin an, bis es gekocht ist. Stell es zur Seite und lass es auskühlen.

Gib die Karotten, den Rucola und den Rotkohl in eine große Schüssel. Leg den Salat und die Sonnenblumenkerne auf das ausgekühlte Hühnchen und serviere alles.

Nährwert pro Portion: 311kcal, 30g Proteine, 9g Kohlehydrate (1g Ballaststoffe), 13g Fette (1g gesättigt), 11% Eisen, 22% Magnesium, 150% Vitamin A, 25% Vitamin C, 29% Vitamin E, 32% Vitamin K, 23% Vitamin B1, 10% Vitamin B2, 72% Vitamin B3, 11% Vitamin B5, 49% Vitamin B6, 17% Vitamin B9.

27. Heilbutt in Dijon-Senf

Dieses würzige Heilbutt-Gericht ist eine schnelle und leichte Art und Weise um eine gesunde Dosis an Proteinen zu erhalten. Es ist arm an Kohlenhydraten sowie reich an Vitaminen und daher eine perfekte Wahl als Abendessen. Die geringe Menge an Kalorien erlaubt es dir die Sauce zu verdoppeln, wenn du dir gegenüber milde bist.

Zutaten (2 Portionen):

220g Heilbutt

¼ Zwiebel, geschnitten

1 rote Peperoni, geschnitten

1 Knoblauchzehe

1 Esslöffel Dijon-Senf

1 Teelöffel Worcestershire-Sauce

1 Teelöffel Olivenöl

Saft von 1 Zitrone

1 Bund Petersilie

2 große Karotten, in Stifte geschnitten

1 Tasse Broccoli-Rosetten

1 Tasse Pilze, geschnitten

Zubereitungszeit: 10 min

Kochzeit: 20 min

Zubereitung:

Gib die rote Peperoni, den Knoblauch, die Petersilie, den Senf, die Zwiebel, die Worcestershire-Sauce, den Zitronensaft und das Olivenöl in die Küchenmaschine.

Leg den Fisch, die Sauce und das restliche Gemüse in einen Backschlauch aus Pergament. Backe es bei 190°C Umluft/Gas 5 für 20 Minuten und serviere es anschließend.

Nährwert pro Portion: 225kcal, 33g Proteine, 12g Kohlehydrate (3g Ballaststoffe, 5g Zucker), 5g Fette (1g gesättigt), 11% Calcium, 10% Eisen, 35% Magnesium, 180% Vitamin A, 77% Vitamin C, 71% Vitamin K, 13% Vitamin B1, 19% Vitamin B2, 51% Vitamin B3, 14% Vitamin B5, 34% Vitamin B6, 15% Vitamin B9, 25% Vitamin B12.

28. Hühnchen-Blechkuchen

Schnell, einfach und lecker – dieses Gericht sollte ein Sommeressen in deiner Küche sein, weil es dann genug Kirschtomaten geben wird. Die Pesto verleiht der einfach gewürzten Hühnerbrust einen erfrischenden Geschmack.

Zutaten (2 Portionen):

300g Hühnerbrust

300g Kirschtomaten

2 Esslöffel Pesto

1 Esslöffel Olivenöl

Salz, Pfeffer

Zubereitungszeit: 5 min

Kochzeit: 15 min

Zubereitung:

Gib die Hühnerbrust in eine Bratform, würze sie, besprenkele sie mit Olivenöl und grille sie anschließend für 10 Minuten. Füge die Kirschtomaten dazu und grill das Ganze für weitere 5 Minuten, bis das Hühnchen durch ist.

Reibe Pesto darauf und serviere das Ganze mit Kirschtomaten.

Nährwert pro Person: 312kcal, 36g Proteine, 7g Kohlehydrate (2g Ballaststoffe, 5g Zucker), 19g Fette (4g gesättigt), 15% Magnesium, 25% Vitamin A, 34% Vitamin C, 11% Vitamin E, 20% Vitamin K, 10% Vitamin B1, 88% Vitamin B3, 13% Vitamin B5, 33% Vitamin B6.

29. Tofu-Burger

Tofu beinhaltet alle essentiellen Aminosäuren und das macht es zu einem perfekten Ersatz für Fleisch. Die karamellisierte Zwiebel mit Chili-Flocken und Sriracha gepaart mit dem Teriyaki-Tofu werden deine Geschmacksnerven erfreuen.

Zutaten (1 Portion):

85g Tofu (extra stark)

1 Esslöffel Teriyaki-Marinade

1 Esslöffel Sriracha

1 Salatblatt

30g Karotten, zerkleinert

¼ rote Zwiebel, geschnitten

½ Teelöffel rote Chili-Flocken

1 mittelgroßes Vollkornbrötchen

Zubereitungszeit: 5 min

Kochzeit: 10 min

Zubereitung:

Erhitz den Grill.

Mariniere den Tofu mit Teriyaki-Marinade, roten Chili-Flocken und Sriracha. Grill das Ganze für 3 bis 5 Minuten auf jeder Seite.

Brate die rote Zwiebel in einer teflonbeschichteten Pfanne an, bis sie karamellisieren.

Schneide das Brötchen in der Mitte durch, so dass du es wie ein Buch öffnen kannst. Fülle das Brötchen mit dem gegrillten Tofu, den karamellisierten Zwiebeln, den Karotten sowie dem Blattsalat und serviere alles.

Nährwert pro Portion: 194kcal, 11g Proteine, 28g Kohlehydrate (5g Ballaststoffe, 8g Zucker), 5g Fette (1g gesättigt), 21% Calcium, 14% Eisen, 19% Magnesium, 95% Vitamin A, 10% Vitamin B1, 14% Vitamin B6.

30. Scharfer Kabeljau

Reich an Proteinen und gesunden Fetten und arm an Kohlehydraten – dieser super scharfe Kabeljau wird dir einen Ruck für den ganzen Tag verpassen. Serviere ihn mit etwas braunem Reis, wenn du einen Kohlehydratschub für ein abendliches Workout benötigst, oder gib zwei Peperoni mehr dazu, wenn du denkst, dass du noch mehr Würze vertragen kannst.

Zutaten (2 Portionen):

340g weißer Kabeljau

10 Kirschtomaten, halbiert

2 Jalapeno Peperoni, geschnitten

2 Esslöffel Olivenöl

Meersalz

Chili-Pulver

Zubereitungszeit: 5 min

Kochzeit: 10 min

Zubereitung:

Erhitz das Öl in einer teflonbeschichteten Pfanne. Wälze den Kabeljau in Salz und Chili-Pulver, leg ihn in die Pfanne und koche ihn für 10 Minuten bei mittlerer Hitze. Gib die Peperoni 1-2 Minuten, bevor der Fisch gut ist, dazu.

Serviere das Ganze mit Kirschtomaten.

Nährwert pro Portion: 279kcal, 30g Proteine, 6g Kohlehydrate (1g Ballaststoffe, 1 g Zucker), 16g Fette (2g gesättigt), 11% Magnesium, 17% Vitamin A, 38% Vitamin C, 26% Vitamin E, 33% Vitamin K, 24% Vitamin B3, 43% Vitamin B6, 26% Vitamin B12.

31. Gegrillte Pilze und Zucchini-Burger

Die Portobello-Pilze haben ein dickes, fleischiges Gewebe, was sie zu Lieblingen unter den Vegetariern und Fleischessern macht. Verwöhn damit den Natur-Burger und erhalte jede Menge Mineralien und Vitamine bei minimaler Kalorien-Einnahme.

Zutaten (1 Portion):

1 großer Portabello-Pilz

¼ kleine Zucchini, geschnitten

1 Teelöffel geröstete Paprika

1 Stück fettreduzierter Käse

4 Spinatblätter

Olivenöl-Spray

1 mittelgroßes Vollkornbrötchen

Zubereitungszeit: 5 min

Kochzeit: 5 min

Zubereitung:

Erhitze den Grill. Besprüh die Pilze mit Olivenöl, dann grill die Pilze und Zucchini-Stücke.

Schneide das Brötchen in der Mitte durch (horizontal), leg die Zutaten anschließend auf eine Hälfte und decke sie mit der anderen zu. Serviere das Ganze direkt.

Nährwert pro Portion: 185kcal, 12g Proteine, 24g Kohlehydrate (4g Ballaststoffe, 5g Zucker), 4g Fette (1g gesättigt), 21% Calcium, 17% Eisen, 20% Magnesium, 78% Vitamin A, 28% Vitamin C, 242% Vitamin K, 15% Vitamin B1, 37% Vitamin B2, 26% Vitamin B3, 16% Vitamin B5, 16% Vitamin B6, 31% Vitamin B9.

32. Mediterraner Fisch

Was gibt es für eine bessere Art, deine täglich erforderliche Dosis an B12 zu erhalten, als mit einem Gericht, das mit mediterranen Aromen angereichert ist? Die restlichen Vitamine und Mineralien sind ebenso repräsentiert und die Protein-Menge ist für ein gutes Abendessen genau richtig.

Zutaten (2 Portionen):

200g frische Forelle

2 mittelgroße Tomaten

3 Teelöffel Kapern

½ rote Paprika, gewürfelt

1 Knoblauchzehe, gewürfelt

10 grüne Oliven, geschnitten

¼ Zwiebel, geschnitten

½ Tasse Spinat

1 Esslöffel Olivenöl

Salz und Pfeffer

Zubereitungszeit: 10 min

Kochzeit: 15 min

Zubereitung:

Erhitze eine große Pfanne bei mittlerer Hitze. Füge die Tomaten, den Knoblauch und das Olivenöl dazu. Leg den Deckel auf die Pfanne und lass es einige Minuten köcheln, bis die Tomaten weich sind.

Füg die Zwiebel, die Paprika, die Oliven, die Kapern, Salz und Pfeffer (und wenn nötig etwas Wasser) hinzu. Leg den Deckel auf die Pfanne und lass es einige Minuten köcheln, bis die Tomaten eingekocht sind und die Paprika sowie die Zwiebel weich sind.

Gib die Forelle dazu, leg den Deckel auf die Pfanne und gare alles 5 bis 7 Minuten.

Füg den Spinat in der letzten Minute hinzu und serviere alles.

Nährwert: 305kcal, 24g Proteine, 7g Kohlenhydrate (1g Ballaststoffe, 4g Zucker), 11g Fette (3g gesättigt), 10% Calcium, 12% Magnesium, 36% Vitamin A, 56% Vitamin C, 62% Vitamin K, 13% Vitamin B1, 33% Vitamin B3, 12% Vitamin B5, 25% Vitamin B6, 15% Vitamin B9, 105% Vitamin B12.

33. Veganer freundliches Abendessen

Ein Veganer freundliches Abendessenmit einer guten Portion Proteine und Vitamine. Gönne deinem Gaumen den Geschmack, den er verdient mit dieser süßen und sauren Sauce, die mit Tofu verfeinert wurde und leicht zuzubereiten ist.

Zutaten (2 Portionen):

340g Tofu

¼ Tasse Sojasauce

¼ Tasse brauner Zucker

2 Teelöffel Sesamöl

1 Teelöffel Olivenöl

1 Teelöffel Chili-Flakes

2 Knoblauchzehen, fein geschnitten

1 Teelöffel Ingwer, frisch gerieben

Salz

Zubereitungszeit: 5 min

Kochzeit: 15 min

Zubereitung:

Vermenge den braunen Zucker, die Sojasauce, das Sesamöl, den Ingwer, die Chili-Flakes und das Salz in einer Schüssel und stell sie zur Seite.

Gib Olivenöl in eine Saucen-Pfanne und erhitze sie. Brate anschließend den Tofu ungefähr 10 Minuten an.

Gib die Sauce in die Pfanne und koche sie 3 bis 5 Minuten. Serviere alles, wenn die Sauce dich genug ist und der Tofu gut gebraten ist.

Nährwert pro Person: 245kcal, 17g Proteine, 15g Kohlehydrate (1g Ballaststoffe, 11g Zucker), 15g Fette (3g gesättigt), 34% Calcium, 19% Eisen, 19% Magnesium, 11% Vitamin B2, 11% Vitamin B6.

ANDERE GROßARTIGE WERKE DES AUTORS

The Ultimate Guide to Weight Training Nutrition: Maximize Your Potential

By Joseph Correa

Becoming Mentally Tougher In Bodybuilding by Using Meditation: Reach Your Potential by Controlling Your Inner Thoughts

By Joseph Correa

www.ingramcontent.com/pod-product-compliance
Lightning Source LLC
Chambersburg PA
CBHW070128080526
44586CB00015B/1610